JN207763

► 自治体まちづくり学シリーズ ● ❷ ◄

東京の自治体まちづくり Ⅰ

東京スカイツリー・自治体連携のまちづくり　他

〔編著〕上山肇

〔著〕伴宣久・田村知洋・内藤結子・笹沼史明・
御正山邦明・千葉享二・青木優子・橋本佳明

公人の友社

まえがき

　東京特別区の有志が中心となり活動してきた「まちづくり塾」が2023年に新たに活動を再開した。そこで、公人の友社様の理解のもと活動成果をまとめながら定期的に出版することを考え、この度『自治体まちづくり学シリーズ』として創刊することとなった。

　2023年度に法政大学地域研究センターでは自治体まちづくり職員育成プロジェクトが立ち上げられ、2024年2月には自治体のまちづくり人材育成に尽力している自治体職員経験者（まちづくり塾のスタッフ）が集まり『〔実践〕自治体まちづくり学』を出版し好評をいただいた。そこでそれをシリーズの第1巻として位置付け、本書を第2巻とすることとした。

　このシリーズでは、基本的に東京のまちづくりを担当・研究している（担当してきた）方々（自治体職員・研究者・まちづくりに関わっている市民等）にもできる限り多く直接執筆してもらうことを考えている。

　書籍の内容は、「まちづくり塾」で取り上げ報告・議論されたテーマや最新のまちづくり事例や調査研究の内容で構成され、まちづくり人材を育成するために、自治体まちづくりの先駆者による経験や調査・研究をシェアするためのテキストになればと考えている。

　本書は単に事例紹介にとどまることなく自治体職員等その仕事に関わった方々の生の声を伝える書籍になればと願うとともに、研究・調査編のように自治体が施策を立案・施行する上で役立つ資料にもなればとも考えている。

2024年7月29日　　上山　肇

法政大学大学院政策創造研究科　教授
（法政大学地域研究センター兼担研究員）

目　次

序

2024年2月に出版した『〔実践〕自治体まちづくり学』では新たに「自治体まちづくり」を「自治体が主体となり、地域や地区の住民（市民）や地域団体・企業等と協力して、市民の暮らしの場を、地域や地区に適応した住みよい魅力あるものにしていく諸活動」、さらに「自治体まちづくり学」を「自治体の視点で幅広い観点からまちづくりを探る学問[1]」と定義し、まちづくりの理論と実践、計画の役割や規制・誘導によるまちのコントロール、まちづくりのプロセスと連携といったことなどについて整理した。これは自治体が政策をデザインすることにも密に関連するものである。

本書の視点

本書・本シリーズでは具現化されてきた自治体のまちづくりについて紹介していきたいと考えているが、次のように大きく3つの視点をもって構成している。

（1）　視点1：まちづくりのトピック（トピック的要素の取り込み）の視点

視点1として、シリーズ各巻にトピック的な要素を取り込みたいと考えている。本書では特に、『〔実践〕自治体まちづくり学』第4章で扱った「まちづくりのプロセスと連携」に焦点をあてる。東京のシンボルとも言える「東京スカイツリー」をトピック（「東京スカイツリー周辺の自治体連携によるまちづくり」）として扱い、前書第4章「4.3 墨田区と台東区の連携」について、墨田区の立場から墨田区元職員が語っていたものを本書では、第1章で当時、台東区の立場で関わった元台東区職員が論じている。

　そして第2章を、現在の東京スカイツリー周辺の姿として、「ミズマチ」整備を題材に実際に関わってきた現役の墨田区職員が様々な主体との連携の観点も踏まえ論じている。

（2）　視点2：まちづくり塾の活動の視点

　視点2としては、「法政大学地域研究センターまちづくり人材の育成プロジェクト」として位置付けられ、実質的な活動の場である「まちづくり塾」で取り上げた最新の事例となる自治体まちづくりについて紹介している。
　本書では第2章で視点1にも関連しているが、第1回まちづくり塾で取り上げた「ミズマチ」整備について、事業に具体的に携わった墨田区職員が論じ、第3章を第2回まちづくり塾で取り上げた港区のまちづくりについて、「浜松町・竹芝地区のまちづくり」と題し港区職員が論じている。

（3）　視点3：自治体まちづくりに関する調査・研究の視点

　視点3は、自治体まちづくりを調査・研究の視点で、自治体まちづくり学として学術的な内容も取り込みたいと考え、自治体まちづくりに関し直近で実施した自治体での調査報告や学会等で発表された研究成果について紹介したいと考えた。
　第4章は板橋区の公共交通政策について、板橋区職員が地域住民アンケートの調査結果を分析したもので、第5章は「東京における外国人との共生」、第6章は「コロナ禍における市民協働のまちづくり」と題し社会人大学院生による研究成果となっている。

1　「まちづくり学」を「持続可能で良好な都市環境を形成するため、自治体等が行う"まちづくり"が都市環境に及ぼす影響について、まちづくりの対象となる空間や地域・地区の実態から、まちづくりの計画や規制・誘導手法、まちづくりのプロセス、地域間や産官学等の連携、具体的にまちを実現するための事業・制度に至るまで幅広い観点から探る学問。」と定義している。

本書の構成

　本書は下図のように、第1章・第2章が本巻のトピック（東京スカイツリー周辺の自治体連携によるまちづくり）、第2章・第3章がまちづくり塾の活動実績（墨田区、港区）、第4章〜第6章が自治体まちづくり学に関する調査・研究の観点で構成されている。

　なお、第1章〜第4章は自治体職員（現役職員と元職員）が、第5章・第6章は研究者（社会人大学院生）が執筆している（第4章の共著者には法政大学地域研究センター客員研究員が含まれている）。

図1　本書の構成（視点の位置付け）

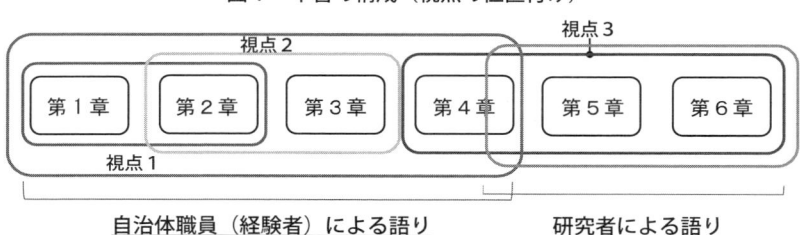

〔参考・引用文献〕

上山肇(編著)・河上俊郎・伴宣久（2024）『〔実践〕自治体まちづくり学』公人の友社、
　　p15

東京スカイツリー・自治体連携の まちづくり

第1章

姉妹都市台東区・墨田区におけるまちづくりの連携

ポイント

> **ポイント1**：今求められる自治体連携
>
> **ポイント2**：ビジョンをもつことの必要性
>
> **ポイント3**：プロジェクトが連携を生む

伴　宣久

1　台東区・墨田区連携の
まちづくり

（1）｜台東区、墨田区の誕生と両区の連携のシンボルである隅田公園

　　いわゆる明治維新の変革の中、明治元年東征軍の支配下にあった江戸に「江戸府」が置かれ、同年のうち「東京府」と改称された。そして、1878年（明治11年）の「郡区町村編成法」の制定による府内15区の設置を経て、1899年（明治22年）には「市制町村制」が施行され、この15区を東京府から独立させ、「東京市」が誕生した。その中には、墨田区の元となる本所区、台東区の元となる、浅草区、下谷区も含まれていた。

　　さらに、東京市15区は、その後、1932年（昭和7年）、隣接する荏原・豊玉・北豊島・南足立・南葛飾の5郡82町村を合併して20区を新設、35区制になる。また、1943年（昭和18年）の東京都制の施行により、東京府及び東京市は廃止され、35区は東京都の行政区となった。第二次大戦を終え、占領軍総司令部（GHQ）は、東京35区を廃止し新区画の設定を東京都に命じた。その再編案は、「各区の人口を20万人、面積は10平方キロメートル以上」というもので、東京22区制となった。その後23区となり東京の東側を南北に流れる隅田川を境に東に墨田区、西に台東区が位置している。

　　墨田区は1947年（昭和22年）3月15日に、北部区域の向島区と南部区域の本所区が一つになって墨田区が誕生し、下谷区と浅草

区が一つとなり台東区が誕生した。こうして隅田川をはさみ、現在の台東区と墨田区となった。隅田川が、両区の行政境界になっており、墨田川に沿った隅田公園は両区民に親しまれ、これまでも隅田川花火大会などのイベントを通じて両区民は交流してきた。

　隅田公園は歴史的には、後藤新平により震災復興大公園として整備された。当時の設計思想は①「防災機能」の確保、②水辺や旧跡といった「場所性の確保」、③帝都復興の象徴といった「シンボル性」、④運動施設などの多様な機能付加と考えられる。公園竣工後1世紀がたち、防災性の向上のための外郭堤防の盛り土、運動施設の移転再築、都市施設の挿入などの結果、川沿いの臨水公園としての価値が失われ河川と独立した園路植栽へと推移していった。

　1975年（昭和50年）には、隅田公園は両区に移管され1977年（昭和52年）に「台東・墨田区の姉妹区締結」がなされると、両区は、隅田公園開設時の設計思想の復活を目指して、両区の連携した整備事業が桜橋建設に当たる。盛り土により失われた、「場所性」を取り戻すために桜橋、親水テラス、船着場などの整備がこれに当たる。1982年（昭和57年）の首都高向島ランプの開設による交通量の増加については、墨田区側に桜橋デッキスクエアを作り「首都高や都道によって分断された墨田区側の公園の一体化」を図った。桜橋の建設後、隅田川の花火大会、桜橋マラソン大会などの連携イベント以外のまちづくりにおける特別な連携はなく、各区独自のまちづくりが進められた。

写真1　隅田川に架かる桜橋

（出典:台東区公式観光情報サイト「TAITOおでかけナビ」）

2 スカイツリーの建設と 浅草地域総合まちづくりビジョン

（1） スカイツリー建設プロジェクトを巡る両区のまちづくり連携

　台東区と墨田区のまちづくりの新たな連携は、墨田区の新たなシンボルとなったスカイツリーの建設で始まった。このスカイツリーの建設プロジェクトは、2003 年（平成 15 年）12 月に在京放送事業者 6 社が 600m 級のタワー建設を求めて「在京 6 社新タワー推進プロジェクト」を立ち上げた所に始まる。この計画は、同時期に関東地方の地上デジタル波放送が始まるが、当時、デジタル波は、333m の東京タワーから発射されていたが、周囲は、200m 級の超高層ビルで囲まれている状態であった。

　一般的に地上デジタル波の安定的な受信には、周囲の環境、ビルの高さより 2 倍の高さが必要とされ、都心の超高層ビル建設ラッシュにより、安定的受信環境が、侵害されるのは時間の問題だった。東京都心で当時、最も高いビルの高さ 250 メートルの 2 倍の 500 メートルに在京の放送事業者 6 社 7 局の送信アンテナに 100 メートルを要し、600 メートル級のタワーが必要であった。2001 年（平成 13 年）11 月、台東区の商店連合会の I 会長が、台東区への誘致活動に積極的で、「新東京タワー区内建設誘致準備会」を立ち上げ、浅草の都立産業会館の用地、隅田川上の提案を示し誘致に動いたが、実現出来なかった。

　2006 年（平成 18 年）3 月に墨田区押上・業平橋地区が、タワー

の建設地と最終決定した。選定理由は、次の 3 つと言われている。

①事業主体と建設用地の確保が、確実であったこと。
②地元が自ら誘致したことから、地域の受け入れ体制があると評価されたこと。
③年間数千万人の観光客が訪れる "浅草" のすぐ近くに位置することから展望タワーとしての観光収入が見込まれ、放送事業者のテナント収入と合わせて、新タワーの事業収入が安定することが期待された。

　墨田・台東両区は、江戸きっての盛り場である「浅草」と屋敷町だった「本所」そして景勝地であった「向島」など、食、風情、職人のものづくりと言った江戸文化の継承地であった。スカイツリーのプロジェクトは、こうした地域のポテンシャルを活かして世界一のタワーを中心に新たなまちづくりを志向して「Rising East」と名付けられた。

（2）　浅草地域総合まちづくりビジョンの策定

　この決定を受け台東区では、2006 年（平成 18 年）6 月ビジョン策定のために、浅草地域まちづくり検討委員会を立ち上げた。この委員会は、当時、計量計画研究所の K 理事長をトップに学識経験者、国土交通省関東地方整備局、東京都、所轄警察署、墨田区の新タワー建設担当部長、台東区議会、観光連盟、商店連合会、鉄道事業者、町会関係、区役所幹部職員合わせて 40 人の大所帯であった。
　この下に、基盤整備部会、文化観光部会にそれぞれ、30 人弱の委員会を設けて、翌年 6 月には、浅草地域まちづくり総合ビジョンを発表した。このビジョンでは、「浅草の歴史・文化を育み、

新たな賑わいを創造するまちづくり」を基本理念とし、アクセス環境充実プロジェクト、賑わい創出プロジェクト、水辺活性化プロジェクトの３つの主要プロジェクトのもと、14 の具体のプロジェクトが提案された。

　私は、このビジョンの策定の最終段階で事務局運営を前課長から引き継いだ。当時、区として大きなまちづくり計画にかかわるのは初めてであり、計画策定の最終段階で引き継ぎ、ビジョンの進行管理については後の課長に引き継いだ。検討委員会の陣容は

図１　浅草地域まちづくり総合ビジョン

基本理念　「浅草の歴史・文化を育み、新たな賑わいを創造するまちづくり」

基本方針　○来やすく歩きたくなるまちづくり
　　　　　○街並みがつながるまちづくり
　　　　　○賑わいが広がるまちづくり
　　　　　○時代や文化を体感できるまちづくり

地域の特性を踏まえたまちづくりの方向性

粋なまちなみゾーン　　　　潤いと安らぎの親水ゾーン

賑わいの中核ゾーン

暮らしと賑わいの共生ゾーン　　　都市機能再生ゾーン

３つのプロジェクト

アクセス環境充実プロジェクト　　賑わい創出プロジェクト　　水辺活性化プロジェクト

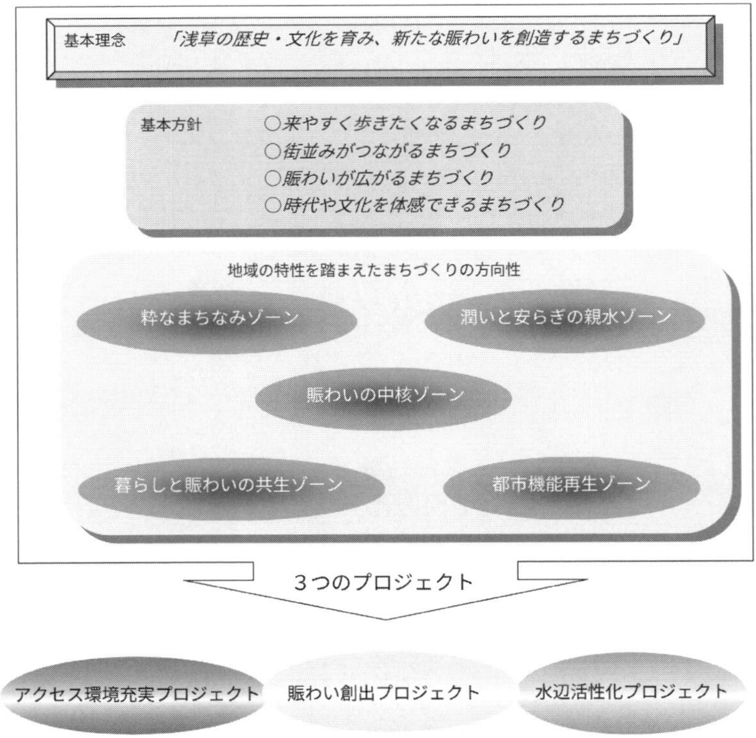

（出典：台東区（2019）「浅草地域まちづくり総合ビジョン」）

第1章 姉妹都市台東区・墨田区におけるまちづくりの連携

表1 整備スケジュール

整備スケジュール

(平成19年6月)

プロジェクトと整備メニュー		事業	短期 H19	H20	H21	H22	H23	中期 H24～28	長期 H29～	事業主体・関係機関
アクセス環境充実プロジェクト	1 交通結節点の再整備	駅の結節機能及び駅周辺を含めた整備	鉄道事業者等と協議し、整備を進める]					継続的な推進		鉄道事業者・関係地権者・国・都・区
	2 ユニバーサルデザインによるまちづくりの推進	地域全体のバリアフリー化〈優先〉	銀座線浅草駅エレベータ設置	江戸通り国際通り歩道整備ハゲフリー		東武浅草駅エレベータ設置(H22まで)	言問通り浅草通り歩道補修			国・都・区・鉄道事業者・店舗等
		浅草各駅周辺・地域内の案内強化	外国語案内板の充実、情報提供の充実、新タワーとの誘導案内計画]							区・鉄道事業者・国・都
	3 「伝統のまち」と「新しいまち」の連携強化	交通網の拡充	鉄道事業者等と協議し、拡充を図る]							鉄道事業者・バス事業者・墨田区・区・都
		交通システムの新設(シャトルバス等)〈優先〉	検討		整備					事業者・国・都・区墨田区・地域関係者
	4 新たな舟運ルートの整備	新たな舟運ルート整備	検討		整備					舟運事業者・都・区墨田区
	5 観光バス乗降・待機システムの構築	観光バス乗降・待機システムの構築	検討		整備					バス事業者・区
賑わい創出プロジェクト	6 文化観光資源の育成・創出と情報発信の強化	浅草文化観光センター改築〈優先〉	検討・調査	設計	工事	工事、開設				区・区民・活動団体
		観光情報発信力強化〈優先〉	新タワー内 情報インフォメーション機能の設置]							区・区民・活動団体
		芸術芸能の支援育成、生活文化の保存等	芸術・芸能の支援育成、生活文化の保存等]							区民・区・活動団体
	7 にぎわいを誘導する街並み整備の誘導・推進	六区興行街地区整備	基礎調査	計画策定	整備					区民・区
		都市機能再生ゾーン街並み整備	基礎調査			計画策定	合意形成			区民・区・鉄道事業者・国・都
		街並み整備	国際通り 雷門通り基礎調査	国際通り 雷門通り計画策定	整備					区民・区
	8 街並み整備と連動した歩行者空間の整備	街並み景観整備(カラー舗装等)〈優先〉	仲見世柳通り 観音通り花やしき通り	雷門1丁目街区通り 予定]						商店会・国・都・区
		道路事業	江戸通り 言問通りなど、歩行者空間の整備推進]							国・都・区
	9 浅草と上野を結ぶプロムナード整備	浅草通りシンボルロード整備〈優先〉	整備							都・区
		かっぱ橋本通り整備	整備推進]							商店会・都・区
	10 安心・安全まちづくりの充実	防犯活動の強化	地域防犯活動への支援、防犯設備設置補助]							区民・区・活動団体
水辺活性化プロジェクト	11 水辺の散策ルートづくり	親水テラス延伸〈優先〉	調整	整備	整備	整備				都・区
	12 水上交通拠点の整備	水上バス乗り場建替え〈優先〉	検討・調査	整備	整備	整備				舟運事業者・都・区
	13 川並み景観づくりへの誘導	川並みの景観形成	整備推進]							区民・区
	14 緑と水辺を活かす隅田公園づくり	各種イベント開催	[イベント等の充実]							区・活動団体・区民

説明 1. この整備スケジュールは、区、国、都、民間が、それぞれ事業主体として実施していくべき事業を、一つの表にまとめて示している。事業主体が区以外の場合は、区が積極的に支援するべきものである。
　　　2. 短期・中期・長期の区分は、短期的な実現をめざす事業、中期的な実現をめざす事業、長期的な実現をめざすという意味である。
　　　3. 〈優先〉としている事業は、特に先行して実施に力を入れていくべきものである。
　　　4. 今後、事業の進捗に伴い、計画内容、スケジュールの見直しを行っていく。

(出典:台東区(2019)「浅草地域まちづくり総合ビジョン」)

地域の有力者を全て入れていることから、多くの意見が出たが、誰がその計画を実施するのかと言う議論はなされなかった。所管外のソフト事業の庁内連携についてもそもそもの彼らの計画事業に影響しない表現に調整を余儀なくされ、纏めの最終段階で、座長から「自分を担ぎ出しておいて、何も大きな事業はないじゃないか」と言われた。この言葉の意味が当初は判らなかったが、まちづくりの経験を積んでからは理解ができた。

　つまり、ビジョン策定にあたり区が認識している課題や将来像だけで、国、東京都、その他事業者を巻き込んでも成果は期待できない。ビジョン策定後、検討委員会の主要な委員でプロジェクトの推進委員会を結成してプロジェクトの進捗管理を後任の担当課長が進めたが、大きな成果もなく数年でこの委員会は解散した。庁内縦断的な観光、産業などのソフトのプロジェクトや東京都、国と連携して進めるような駅の結節点機能及び駅周辺を含めた整備などのビックプロジェクトは今後の課題として残った。私はその後、六区興行街地区整備、浅草通りシンボルロード整備、親水テラス延伸、水上バス乗り場建替えに関わり一定の成果を得たが、これらのプロジェクトは、全て、ビジョン策定前から動きがあったもので、結果的にスカイツリーの冠を付けただけだった。

　浅草地域まちづくり総合ビジョンの策定から私が得た教訓は、区としてまちの将来像、課題を包括的、客観的にとらえ、決して区ができるプロジェクトのみに矮小化してはならないということだ。課題や、街の将来像を様々な実施主体でどのように共有して俯瞰的に取り組んでいくかが重要である。合わせて庁内の枠を超えた協働の意識を醸成していかに計画実現に反映するかということも重要である。

3　スカイツリープロジェクトを契機とした新たな台東・墨田の連携

（1）　墨田・台東スカイツリー連絡調整会議

　スカイツリーの建設に合わせ、墨田区から提案のあった墨田・台東スカイツリー連絡調整会議を通じて、台東区側のまちづくり推進課長として浅草地域総合まちづくりビジョンを示し、アクセス環境充実プロジェクトの交通システムの新設と新たな舟運ルートの整備を実現するための協議がなされた。

　墨田区の技術系の課長は旧知の仲なので本音で喋ることができたが、別の部署の課長さん達は、非常によそよそしく少し違和感をもった。当時の区長同士は、あまり仲が良くない噂でその影響かなとも思った。実際に検討を行なったのは、交通網の拡充としてコミュニティーバスの相互乗り入れ、シェアサイクルの相互回遊の検討などであった。

　結果的にそれぞれ両区のさまざまな理由で実現できなかった。新交通システムの整備については、民間公募であるが、上野とスカイツリーを結ぶシャトルバスの運行を実現した。その他、両区の回遊を誘導するサイン計画についても、それぞれの区のサイン計画についての考え方が異なり共通の整備コンセプトには達しなかった。

（2）	GTSアートラインの形成

　この頃、両区を回遊する仕組みの問題意識に対する解決策を外の主体から提案された。それは、上野にある東京芸大からの働きかけで、台東区、墨田区で連携して、スカイツリーと浅草を回遊するルートにアート配置して繋ぐ、通称ＧＴＳ(Geidai Taito Sumida) プロジェクトの提案である。

図2　GTS アートライン

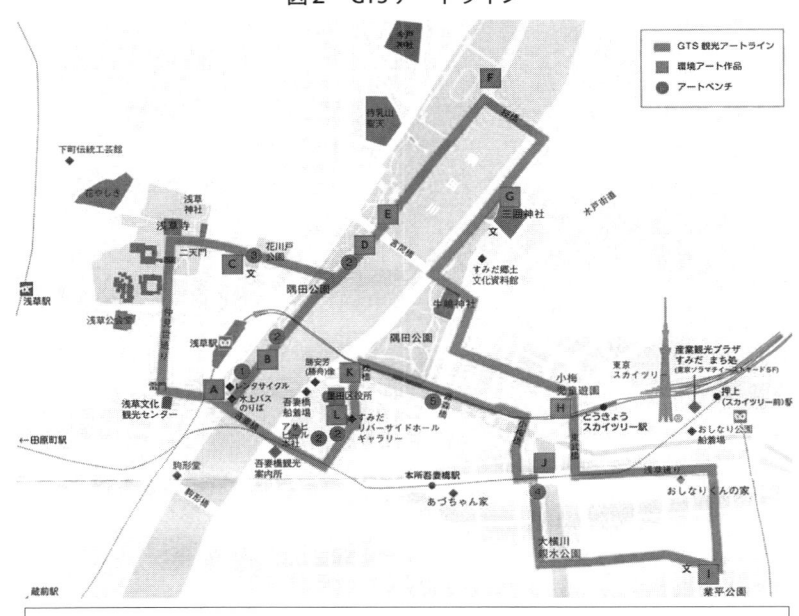

A：そらちゃん	B：グリーンプラネット	C：石の舟　D：LOOK
E：スカイネスト	F：桜橋北詰はらっぱ	G：ソラニハ
H：おぼろけ	I：は・は・は	J：Reflectscape
K：ゆらぎツリー	L：スカルプチャーツリー	

（出典：墨田区 HP GTS アートラインに筆者加筆）

　具体的には、アートラインと呼ぶ回遊ルート上の公園、道路等に芸大の作成したアートを設置するプロジェクトを 2010 年（平成 23 年）から 2012 年（平成 26 年）の 3 ヶ年で実現するものだった。アート作品は、大きなものや、特殊な構造のものがあり、通行者の安全を担保した設置場所の確保はもとより、関連法規に適合させるため、製作者へ助言や関係所管との調整・手続きを全面的に両区でバックアップした。それぞれの設置場所は、スカイツリーのビューポイントになっており、そこからアート越しにスカイツリーを眺める景観は、地域の新たな魅力を産むことになった。

（3）　隅田川復興橋梁塗装とライトアップ

　スカイツリーの建設と同時期に、隅田川に架けられた関東大震災の震災復興橋の長寿命化とそれに伴う塗り替えが東京都から提案された。東京都は、色彩案の検討にあたり隅田川中流部著名橋色彩検討委員会を学識経験者により組織し、3 回の検討委員会により結果を取りまとめた。

　当時、墨田区も台東区も景観法の景観行政団体になっていた。区の行政境界が隅田川の中心になっており、さらに両区とも隅田川自体を重要景観軸と位置づけてあり、橋の色についてはそれぞれの区の専門委員で構成される景観審議会において塗色の変更について審議し了解を得る必要があった。当時、建設中のスカイツリーの現場を度々、視察し、展望台から見た景観の中で、橋をどう塗り替えるかは、地域を回遊させる上で大変重要な課題と認識していた。

　また、東京都が事務局を努める専門家の委員会に墨田区とともに参加させていただいた。委員会は、設置の経過や、塗色の変化、過去の塗膜の露出調査と相当の事務局の労力を経て、最上流の白鬚橋から最下流の両国橋まで、構造的な特徴を生かした塗装案が

表2　隅田川中流部著名橋色彩基本方針及び各橋梁の基本色

資料１－２

隅田川中流部著名橋色彩基本方針及び各橋梁の基本色【最終案】
【参考：連包街路網管理者全体】

（出典：東京都建設局ＨＰより）

表3　隅田川中流部著名橋色彩検討委員会資料

隅田川中流部著名橋色彩検討委員会資料

（出典：東京都建設局ＨＰより）

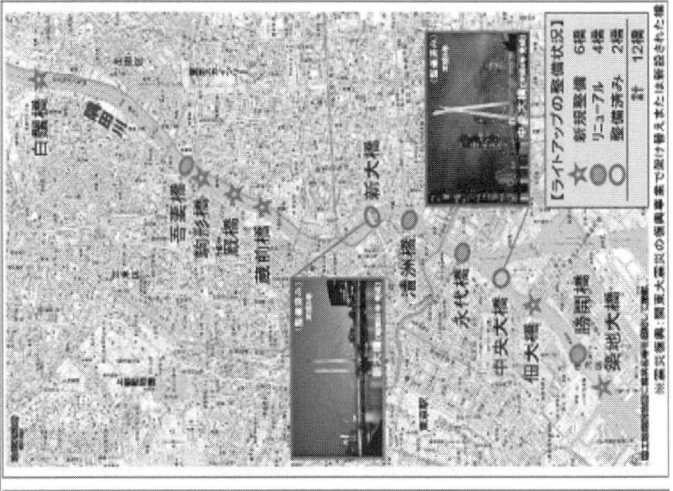

図 3　隅田川に架かる各橋梁の位置とライトアップの景観

（出典：東京都建設局 HP）

複数示された。

　その案を両区の景観審議会で議論してもらうことになったが意見が割れてしまうと橋の色が川の中心で変わるリスクもあった。それぞれの景観審議会は、区長の付属機関であり同時に開催することはなく、東京都の景観担当のＹ課長が調整に尽力された。特に吾妻橋の赤い塗色については、二つの景観審議会で見解が異なる考えを示されて調整に苦労した記憶がある。

　同時に 2020 年（令和 2 年）開催のオリンピックに向け、橋の整備事体が加速され、合わせてライトアップの計画も提案され、ライトアップの案について意見を求められたことは覚えている。ライトアップについては、単独で橋ごとに点灯状態を変えることもできるし、スカイツリーのライトアップとシンクロすることも可能な構造になっている。コロナ禍によって延期されたオリンピックの開会セレモニーを初めとして、現在も隅田川花火大会で花火の魅力の向上に貢献していると感じている。

（4）　ミズマチ、リバーウォークの設置

　スカイツリーの竣工後、来客者数は、着々と伸び 2017 年（平成 29 年）当時、スカイツリーの来訪者数は、年間 3000 万人に達した。この数は西岸にある浅草の年間来訪者数に等しい。浅草では、観光バスの渋滞などオーバーツーリズムの弊害が語られ始めていた。

　一方、スカイツリーエリアはスカイツリーのみに集中し、周辺地域の回遊による活性化は今一つの状況であった。同時期に、スカイツリー駅の連続立体化、東京都による北十間川整備が進んでいた。この時期に、墨田区、東京都、東武鉄道により浅草とスカイツリーを一つの街として活性化するため『Vision Book』、北十間川周辺整備の「Design Guideline」が作成され、さらに、これ

らに沿った北十間川周辺観光回遊路整備工事事業に着工した。

　時を同じくして、数年前から浅草観光まちづくり総合ビジョンで未着手だった浅草駅周辺の再整備街区や交通結節点の改善について東京都や鉄道事業者などを交えて勉強会を開催し、技術的な検討や意見交換をしていたメンバーの一人の東武鉄道から、既存の東武鉄橋に新たに添架し浅草とスカイツリーを歩行者回廊として繋ぐ、「すみだリバーウォーク」の検討に参加してくれないかとの依頼が区の上層部に伝えられた。

　台東区と墨田区は姉妹区でもあるが、隅田川の存在が両区の間にあることが、相互交流を阻む阻害要因であることは、桜橋の建設からも明らかであった。このプロジェクトが実現すれば、北十間川の観光回遊路整備と相まって、浅草のオーバーツーリズムや滞在時間の短縮傾向、それによる観光バスの駐車問題の解決案になる予感がした。

　私はここ数年、浅草駅周辺の再整備について様々な意見交換をしていた東武鉄道のW部長に会ってプロジェクト概要を聞くと、当時2年後に迫っていた東京オリンピックまでに完成するミッションを会社から与えられているという。私は直前に船着場の整備で河川管理者との協議を行ってきて、河川管理者は、手強い相手であることは知っていた。

　それ以外にも、両区とも復興橋も含めた隅田川を景観法の景観計画で重要な景観資源と位置付けていたので、整備にあたり特段の配慮が必要だった。おまけに同時期にこの対象となる鉄道橋の耐震改修・長寿命化工事が行われていて、様々な協議や工程調整、必要な技術的な検討が終えられるのかなど、当事者ではないものの非常に心配になった。

　ところが、このW部長はこれらの協議をまるで手品を使うかの如く次々と片付けてくれた。そうなると区としても、台東区側の墨田公園内のスロープ設置、周辺住民への合意形成等頑張らな

いわけにはいかない。様々な庁内の事前協議に協力をして、協議に要する期間が最短になるように支援した。これは、部内の職員が頑張ってくれたが、同時に地元調整などでは W 部長の力を借りることができた。

区の上層部に逐次報告をすると整備には、残念ながら消極的な態度であった。これは、この回遊路ができて「浅草の人間が、全てスカイツリーに流れたらどうするのか。」と地元から言われることを懸念したようだ。

リバーウォーク、北十間川護岸整備、ミズマチ、隅田公園、隣接道路の整備と順調に終わり、さあこれからと言う時にコロナのパンデミックに見舞われ、オリンピックも延期され、ミズマチ商業施設の一斉開業も出来なかったが、リバーウォークの歩行者量は、東武鉄道が調査していたが、相互の通行が着実に増加することと双方向の通行が確認された。リバーウォークの検討と合わせて行ってきた浅草の新たなまちづくりビジョンについては、今年度末を目標に検討が進められている。

写真2　リバーウォーク　　　写真3　リバーウォーク（墨田区側入口）

（5）	今後の台東区と墨田区の連携

　現在、新浅草まちづくりビジョンの策定が進んでいる。これまで述べたように、墨田・台東両区は、隅田川を挟み交流してきた歴史がある。隅田公園の移管から、両区連携で様々なまちづくり事業を進めてきた。『ロンリープラネット』という、海外の観光ガイドブックでは、東京の北東部の魅力あるスポットとして、浅草、スカイツリー周辺が別のスポットとして紹介されている。

　職員協働の現場では、必ずしも上手くいかない時もあったと記憶しているが、そのような経験を経て様々なまちづくりの成果を出してきていると思う。区民同士の交流も、お祭りや様々な取り組みを通じ活発である。今後は、さらに両区内の他の場所への回遊の拡大が期待される。

　最後に筆者の妄想を書いてこの章の締めくくりとする。

　上野の西洋美術館とスカイツリーの距離感は、パリのエッフェル塔と凱旋門の距離とほぼ等しい。上野、浅草、スカイツリーを結ぶ都道浅草通りは、現在ウォーカブル化に向けての整備が進むパリのシャンゼリゼ通りと同じである。東京の東にあるこの両区が、浅草通り沿いの歴史文化資源など、墨田区側の様々な魅力を生かして両区を跨いだ広域の回遊を産み、今後も連携して発展していくことを期待してやまない。

写真4　7月14日（パリ祭）
　　　のシャンゼリゼ通り

（出典：パリ観光サイト「パリラマ Paris Rama」より転載）

〔参考・引用文献〕

赤木重文（2016）「隅田川五橋の色彩計画」『COLOR』（日本色彩研究所機関紙）（No.164）

浅草地域まちづくり検討委員会（2007）「台東区浅草地域まちづくり総合ビジョン」（平成 19 年）

遠藤智美（2018）「隅田川震災復興橋梁 5 橋の色彩計画」（京都芸術大学通信教育過程芸術教養学科卒業研究展資料）

上山肇（編著）・河上俊郎・伴宣久（2024）『〔実践〕自治体まちづくり学』公人の友社

都市環境デザイン会議（2014）「隅田川の景観・歴史的橋梁の文化的価値を考える」（都市デザイン交流会フォーラム資料）

服部洋佑・佐々木葉土（2004）「墨田公園の歴史的変遷─臨水公園の設計思想と空間の変化」『木史研究講演集』（Vol .24）

山本秀樹（2012）「東京スカイツリー計画の経緯」『電気設備学会誌』（32 巻 10 号 p. 717-720）

第2章

浅草と東京スカイツリーを「ひとつのまち」へ
―ミズマチ・隅田公園の整備と今後の展開―

ポイント

ポイント1：短期間でのまちづくり実現は具体的な目標設定
（目的、ゴール設定等）が必要

ポイント2：地域や関係機関が将来像を共有することが大切

ポイント3：必要最小限の事業推進体制が意思決定に
スピード感をもたせる

田村知洋

1 北十間川周辺エリアの 課題と背景

　本章では、浅草と東京スカイツリーの間に位置する「北十間川周辺エリア（以下「エリア」という。）」の、2020 年東京オリンピック・パラリンピックに向けたまちづくりについて、具体的検討をスタートした翌年の 2015 年から、整備が概ね完成した 2021 年までの 7 年間、事業調整を担当した著者が事業の経緯を振り返り説明する。

（1）　北十間川周辺エリアの弱みと強み

　墨田区の北十間川周辺エリア（次頁図では吾妻橋地区）は、東西方向は、隅田川を挟んで浅草と東京スカイツリーの間、南北方向は、南部の両国・本所地区と北部の向島地区の間に位置する、東西南北の結節点となるエリアである。

　また、隅田川、北十間川、東武鉄道（東武スカイツリーライン）、隅田公園、区庁舎などの公共的な空間や施設が集まっているエリアで、浅草から隅田川をわたってきた観光客にとっては、墨田区の玄関口になるエリアである。

図1　将来都市構造図

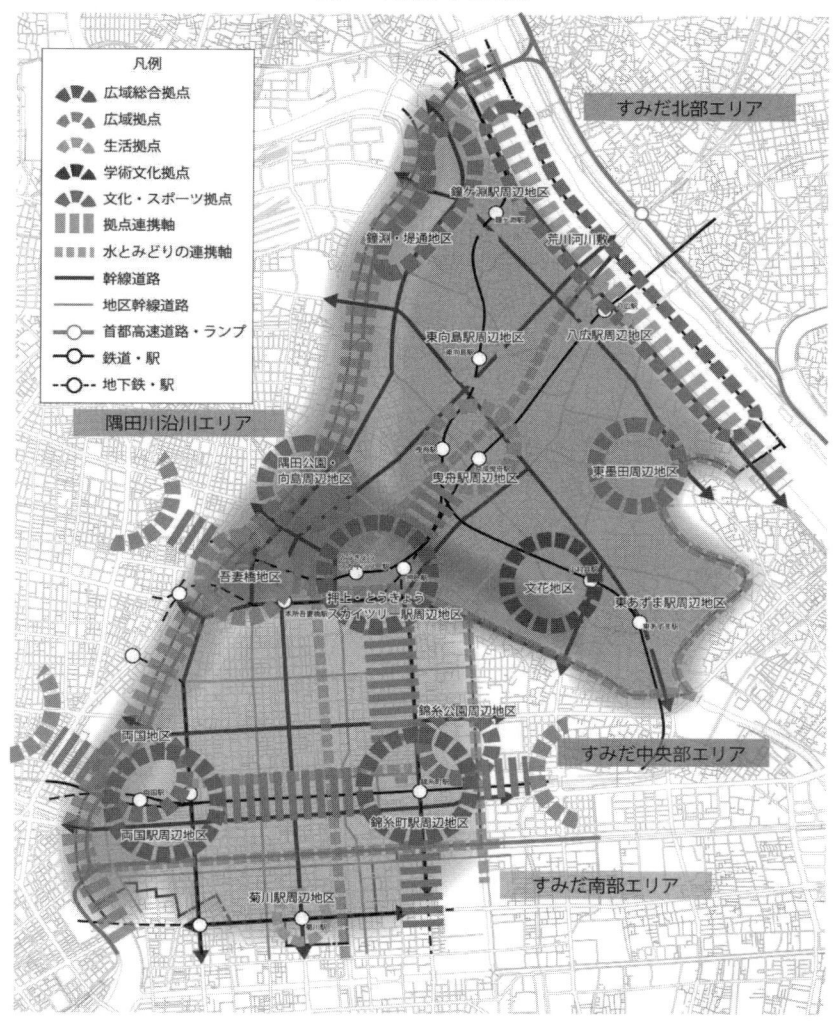

（出典：墨田区都市計画マスタープラン）

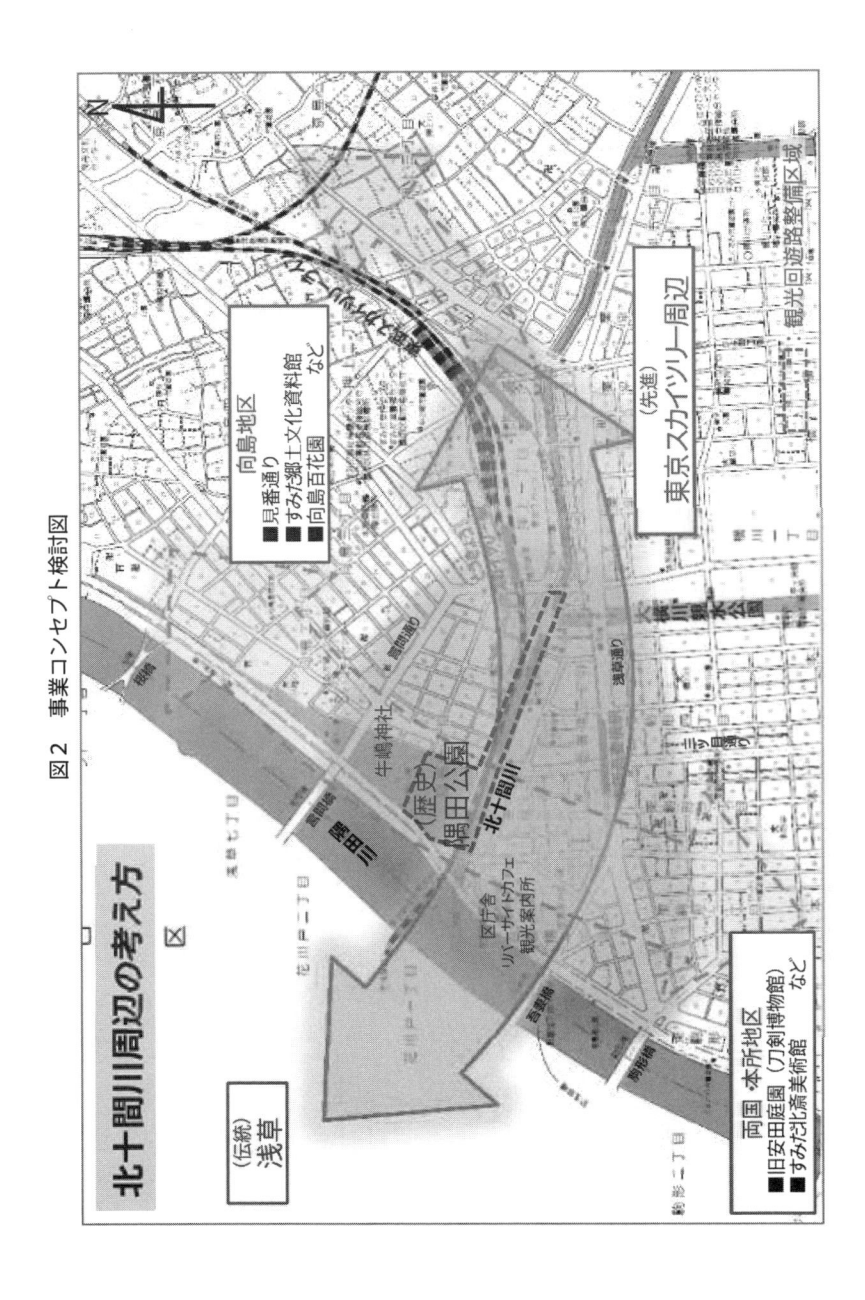

図2　事業コンセプト検討図

写真1　北十間川と鉄道高架　　写真2　鉄道高架と区道と隅田公園

　エリア開発の中心地である北十間川の北側は、河川・鉄道・道路・公園が隣接している非常に珍しい空間であったが、見通しが悪く暗い公園、抜け道としての道路、事務所機能が中心の鉄道高架下施設など、空間のポテンシャルを活かしきれておらず、また、各施設管理者（河川：東京都表面管理は墨田区、鉄道：東武鉄道（株）、道路・公園：墨田区）は、施設の老朽化、耐震性能不足などの課題を抱えているエリアでもあった。

　区は、東京スカイツリー建設を契機とした2006年に「北十間川水辺活用構想」を策定し、「水辺再生による下町文化の創成」を全体コンセプトとして、それまで水辺拠点の形成と水辺のにぎわいネットワークの形成を進めてきたが、このエリアの着手は見通しが立っていない状況だった。

　ソフト的にも課題があった。浅草と東京スカイツリーは、それぞれ年間3,000万人（コロナ前のデータ）が訪れる日本有数の観光地であり、直線距離約1.5㎞、歩いて約20分の区間であるにもかかわらず、隅田川を挟んで全く別々の観光地（目的地）として分断されていた。以前から2大観光地の間を行き来する観光客は見られたが、エリア内に立ち寄れる場所や留まれる場所はほぼ無かったため、単に通過するエリアになっていた。通過するルートも定まっていなかったため、観光客がふらっと住宅街に迷い込むことも度々あり、観光に対して拒否反応を示している地域住民

図3　エリアの課題

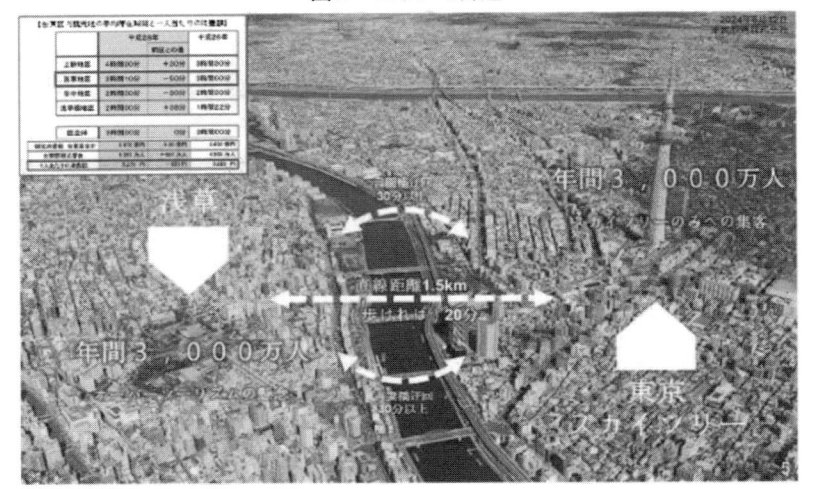

（資料提供：東武鉄道（株））

も少なからずいた。

　当時、この課題に特に問題意識が強かったのは東武鉄道（株）だった。

　関係機関が上記の課題認識を共有していく中で、課題解決に向けて動き出す機運が高まった結果、東京都による北十間川耐震護岸整備と、東武鉄道（株）による鉄道高架耐震補強整備及び高架下空間再整備に併せて、区は道路のコミュニティ道路化や隅田公園再整備を同時に行う「北十間川・隅田公園観光回遊路整備事業」を2013年にスタートさせた。

（2）	チャンスとチャレンジ

　2014年から、芝浦工業大学建築学部建築学科の志村秀明教授に座長を務めていただき、東京都、東武鉄道（株）及び墨田区（企画経営室、産業観光部、都市整備部）による関係機関の検討会を

開始した。

　このころ、台東区蔵前がライフスタイルに溶け込む新たなまちとして注目を浴び、「イースト・トーキョー」という言葉のとおり、東東京エリア（いわゆる下町エリア）が注目されるようになっていた。

　また、2013 年 9 月には、2020 年の東京オリンピック・パラリンピックの開催が決定し、オリンピック・パラリンピックを迎える東京の新たな顔づくり・まちづくりが、都内各所で動き出す気配があった。

　そこで、浅草と東京スカイツリーの間の未だポテンシャルを活かしきれていないこのエリアでも、2020 年という節目を目標に、関係機関が協力して新たな東京の顔をつくろうという盛り上がりが生まれた。

　せっかくやるのであれば、どこかの街を真似るのではなく、河川・鉄道・道路・公園を一つの空間に感じられる、ここにしかない街をつくろうということで、検討は進んでいった。

　今振り返ると、このような事業立上げの段階から、分かりやすく、だれもが納得できる目標（目的、ゴールなど）を設定できたことが、短期間でまちづくりが実現した一つの成功要因だったと思う。

写真3　検討当時（2015 年頃 ）の北十間川周辺エリア

2　ビジョンの共有、地域の機運醸成、空間整備

（1）　エリアのビジョンづくり（Vision Book と Design Guideline）

　2014 年から進めてきた関係機関での検討は、具体的なハード整備について進めていった。その議論の中心は、河川・鉄道・道路・公園の一体的空間をいかに実現させるかということだった。管理者が違う河川・鉄道・道路・公園（墨田区の場合は、道路と公園の管理者は同じ課内だった。）を一体的空間に作り上げるということは、言うは易く行うは難し、であった。だれか 1 者がまとめて設計・工事を請負い、一体的に開発にするというやり方もあっただろうが、完成時期までの時間が限られていたことと、鉄道という特異性のある施設があったこととで、誰かが一体的に開発するという議論にはならなかった。そこで今回は、各管理者がそれぞれの持ち場を、それぞれに設計・工事を行うということになった。

　ただし、それぞれに整備するとしても利用者には一体的な空間を感じてもらえるように、敷地の境には段差が無いような高さ（G.L）設定や、並行して走る河川・鉄道・道路を縦に貫く通路の配置、どこから人が来てどのように各施設に人を流すかの動線の検討など、詳細に検討を進めていった。

　そんな折、エリアの将来像を具体化するため、改めてビジョンの共有を行いたいという声掛けが東武鉄道(株)から区にあった。担当者としては、今更そんなことをやっていたら 2020 年に間に

合わなくなる、という不安と、確かに、一体的空間づくりに向けた机上の議論は前に進んでいたが、実際に理想的な姿が実現できるかどうかは、最終的にはそれぞれの管理者の事情（社内合意・予算・人員配置など）によるところが多いため、果たして理想的な姿が実現できるかどうかという不安もあったように記憶している。

　しかし、東武鉄道(株)から区や都への積極的な働きかけがあり、関係機関の担当者でチーム組んで、短期間（2016年12月～約4か月間）でエリアビジョンをまとめるというミッションが下った。

　チームは、東武鉄道(株)、区（企画経営室・都市整備部）の担当者（一部の課長も参加。）に加え、まちづくりコンサル、設計コンサル、東京都の舟運を検討していた「東京舟運パートナー」そして、広告代理店がファシリテーターを務めた。

　ミーティングでのチームのルールは、「日ごろの立場や役割を超えて自由に議論すること」であり、始めの1ヶ月は、毎週1回、半日会議室に集まり、とにかくいろいろな話をした。エリアの基礎条件（住む人・働く人・訪れる人の傾向）、エリアで起きている出来事（水辺を活かしたイベント・マルシェ等）、社会的な注目度（イーストトーキョーの注目性等）などの認識共有から始め、世界の新しい事例の勉強や、エリアがどうなってほしい、どんな人に来てほしい、どんな出来事が起こってほしいといった理想像を話し合った。

　2ヶ月目からは集まる頻度は隔週にはなったが、この濃い時間を通して、各担当者間には、エリアのポテンシャルの高さとエリアの理想像が共有できていった。

　約3か月間の検討を経て、残り1か月で成果品としてまとめたのが『Vision Book』である。『Vision Book』の冒頭は次のようであるが、チームの熱い思いと決意が伝わると思う。

　何とか取りまとめたこの成果を、地元住民含め積極的に外部に

図4 Vision Book（抜粋）

図5 Vision Book（抜粋）

（出典：北十間川周辺整備に係る関係者間協議会議資料）

打ち出していきたかったが、将来的なビジョン（絵姿）が若干過激（現実的なレベルからは少し飛躍があった）だったことから、内部調整が調わず外部公開することについてストップがかかり、結果的には関係機関が内部で共有する資料という扱いにとどまった。

とはいえ、事業を動かす関係機関に火が付いたことには違いなく、自然に次は、ビジョンを形に落としこむデザイン指針をつくろうという流れになった。

そこで今度は、エリアの大部分（河川・道路・公園）の管理者である区が中心となり、「Design Guideline」を作成した。整備する主体は違っても、一体的空間を実現させるために、各設計者が参考にするデザインの指針として作った。これには、法的規制など何の拘束力があるものではないが、一体的空間をつくるという各設計者の共通の想いの元、できる限りこのガイドラインに沿った空間づくりに努めていただいた。

図6　Design Guideline（抜粋）

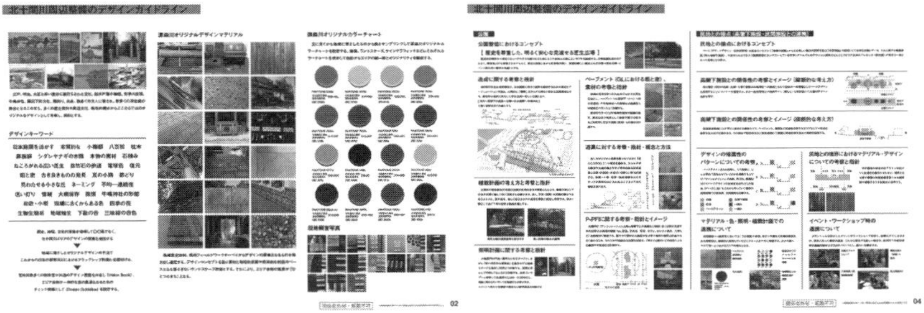

（出典：北十間川周辺整備に係る関係者調整会議資料）

（2）	地域の機運醸成から合意形成へ

まちづくりには地元住民の理解や協力が不可欠であり、ここからは、地域の機運醸成から合意形成に向けた流れを説明する。

　関係機関の検討を進める中で、本事業の行く末を担う大きな課題があることが分かっていた。それは、鉄道高架の敷地の一部に北十間川の河川敷地が入り込んでいること（昔の土地の変遷の経緯？）だった。既存の鉄道高架は、河川占用を受けて工作物が築造されていたが、鉄道高架下に新たに飲食店等の店舗を建てるためには、河川占用（河川敷地占用許可準則第22「都市・地域再生等利用区域の指定等」）を取る必要があった。その河川占用は特例的な占用で、手続きとして、河川管理者・地方公共団体等で構成する河川敷地の利用調整に係る協議会等において、占用者・占用物件についての地域の合意をあらかじめ取る必要があった。

　元々、エリアの一体的開発の話を地元にした時には、一部のマナーの悪い観光客により生活環境が脅かされる懸念と、既存の商店街の客を取られるのではないかという懸念が少なからず聞かれた。地域の機運醸成は慎重に進める必要があった。

　そこで、関係機関の検討を進めると同時に、新たなまちづくりに対する機運醸成と、将来的な河川占用の地域合意を目標として、2016年1月に区を事務局とする北十間川の水辺活用に向けた勉強会（以下「勉強会」という。）をスタートさせた。メンバーは、これまで検討を進めてきた関係機関（東京都、東武鉄道(株)、区（3部署））と、エリア内にある5つの地元町会及び4つの商店会、アドバイザーとして芝浦工業大学の志村教授、将来、エリアのプレイヤー候補の（一社）墨田区観光協会の14団体とした。

　勉強会発足を記念して、「墨田区水辺活性化フォーラム」を開催し、約300名の参加の元、水辺活用の可能性や今後の観光の新たな視点などについて熱い議論が交わされ、新たなまちづくりへの期待感が感じられる良いきっかけになった。

　勉強会は、2018年2月までの約2年間実施した。1年目は、まち歩きワークショップ（まちの気になるスポット探し）や、公園・河川空間整備に向けたワークショップ（テーマ・コンセプトの検

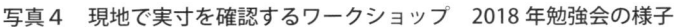

写真4　現地で実寸を確認するワークショップ　2018年勉強会の様子

討）、先行事例の視察などを行い、まちづくりが動き出すという意識づくりを行った。

　2年目は、志村研究室の学生と一緒にワークショップを行った。公共空間等が整備され、まちが変わっていくことが、地域住民にも分かりやすくイメージできるように工夫したプログラムが企画された。例えば、公園の整備範囲に縄張りをし、更新（伐採・植え替え）する樹木にリボンを付け、築山の高さに段ボールを積み、新たにできる船着場（浮桟橋）の大きさにブルーシートを広げて、参加者みんなで現地を直接実寸で確認した。各管理者にも協力いただき、整備着手前の高架下空間や耐震護岸上部に入らせてもらったり、北十間川をゴムボートで実際に走ってみたりもした。こういった共通の体験を通して、メンバー間では整備に対するイメージを共有することができた。これまで区が行ってきたワークショップは、机上で模造紙や図面を広げて行うことが多かったが、現地で体感として整備後の空間をイメージができるこの手法は、図面等を見慣れていない地域住民にとっても大変効果的だったと思う。

　2年目の勉強会の中で今後の会の方向性を話し合う機会があったとき、自然と、引き続きまちづくりに向けた議論をしていきたいという声が出ていた。そこで、これまでの区から議題を与える「勉強会」ではなく、地域も含めた全メンバーが自分事として主体的に議論できる「協議会」に格上げしようという方向性が決まった。

　そこで、2018年3月に勉強会は閉じ、同日、同じメンバーに

よる北十間川水辺活用協議会（以下「協議会」という。）をスタートさせた。

　協議会の事務局は引き続き区が務めたが、会長と副会長は、勉強会時代から地域を引っ張っていただいた地元の町会長にそれぞれ務めていただいたことが、これまでとは大きく違った。協議会では、各所の整備に向けて詰めた議論や、整備後の利活用に向けた議論も始まった。整備に向けては、エリアの課題であった鉄道高架下の河川敷地の特例占用を可能にするため、協議会で地域合意を図った。東武鉄道(株)から高架下の開発計画（東京ミズマチ）の説明があり、これまでの勉強会での機運醸成もあってか、比較的スムーズに地域合意が進み、計画通り高架下開発に着手することができた。

　利活用に向けては、地元町会の若手メンバーと地域の活動家（イベントプランナー・デザイナー等）に声掛けをしてワークショップを行い、整備後のエリアの利活用方針となる「北十間川周辺公共空間の活用方針」を定めた。これは、整備した公共空間をどのような人にどのように使ってほしいという方向性を、公共側から、整備が完了する前に打ち出したもので、公共の仕事の中では、なかなか画期的なことだったように思う。

　協議会の活動としては他にも、エリアのまちづくりを地域や外

図7　北十間川周辺公共空間の利活用方針（墨田区　2019 年発行）抜粋

（発行：墨田区・東武鉄道（株））

部に広報するためのタブロイド誌「KITAJUKKENGAWA PRESS」の発行や、工事中の隅田公園を協議会で一番に使ってみるイベント「BBQ ロングテーブル＆水辺で乾杯！2019」の開催、隅田公園に新たにできる広場の愛称募集（「そよ風ひろば」を選定し区に命名を要望）など、公共空間等が完成するまでの気持ちの高まりを切らさず盛り上げていくため、多くの人で体験を共有できる様々なしかけを実践した。毎回、準備や調整は大変だったが、協議会メンバーや地域住民が飽きずに楽しんでもらえるよう、自分自身も色々なことにチャレンジし、楽しかったし何よりやりがいはあった。

　このような出来事を通して、地域の盛り上がりと地域の中での新たなつながりも生まれつつあったが、エリアの整備完了を迎え

図8　協議会でのエリアの盛り上げ　2019 〜 2020 年

る2020年ごろからの新型コロナ感染症の大流行を受け、地域の活動は一旦ストップしてしまった。

　協議会は、新型コロナの収束とともに再開し、生まれ変わったエリアの状況や出来事を確認する場として運営していたが、2024年3月に協議会は一旦解散し、今後は、エリアの状況を定期的に確認する「連絡会」に引き継がれることで、現在準備を進めている。

（3）	公共空間の整備

図9　各管理者による公共空間等の整備

【平面】

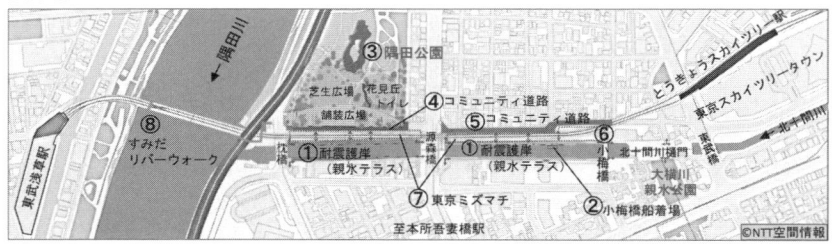

【断面】

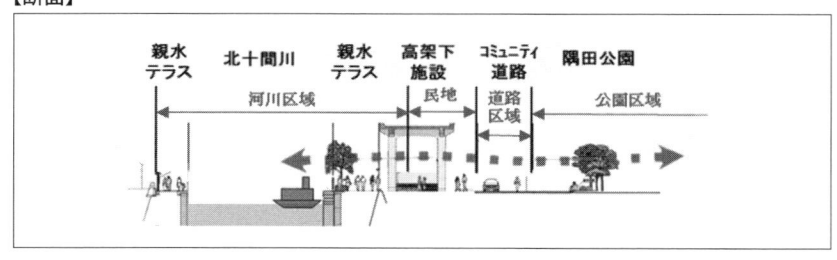

ア　東京都による整備（耐震護岸：平面図中①）

　　北十間川は、江戸時代に農業用水のために開削された河川である。かつては下町商業地・工業地の物流に重要な役割を果たしていたが、鉄道や道路などの陸上運送に切り替わるにつれ舟運需要は減り、かつてのような利用はされなくなった。さらには、水害、生活排水による汚染、船舶の不法係留など、都内のほかの中小河川と同様に、決して良いイメージを持てる川ではなかった。

　　東京都は、河川事業の第一目的である護岸の耐震対策を行うに当たり、まずは不法係留船の適正化を行い、その後2014年頃から耐震護岸整備に着手した。石積みの既存護岸の前面（河心側）に耐震性能に優れた鋼管杭を打ち、その間を埋戻しして新設護岸（以下「耐震護岸」という。）を構築し、その上部を管理用通路として整備した。ここまでが、都内の他の河川と同様のスタンダードな河川整備であったが、本エリアは、都の上位計画（都民ファーストでつくる新しい東京～2020年に向けた実行プラン～（2016年12月））でも重点エリアに位置付いていたため、修景にも配慮した護岸整備が実施できた。護岸のコンクリート壁面には旧護岸の意匠を継承して安山岩のパネルを貼り、転落防護柵は黒色で手に触れる部分は木製、通路の舗装は高架下空間と同じ平板を採用してもらった。

イ　東武鉄道株式会社による整備

（ア）　高架下施設（東京ミズマチ：平面図中⑦）
　　元々高架下には、事務所や倉庫、駐車場などが入っていたが、契約更新時期に併せて既存施設を撤去し、鉄道高架橋の耐震化工事を実施した。

　その後、協議会で地域合意を得て、河川敷地占用許可準則による河川の特例占用許可を受けた上で、2019 年に高架下施設（東京ミズマチ）の建設に着手した。

　エリアの一体的空間を実現させるためには、河川と道路・公園の間を走る鉄道高架下の設えは大変重要であった。河川側と道路・公園側が分断されないような貫通路を一定間隔で配置すること、河川側と道路・公園側と仕上がり高さを合わせてフラットに横断させること、敷地境界には柵を設けず、舗装材は同じ製品や色を使うことなど、「Design Guideline」を基に丁寧に協議を重ね、河川・公園の中に鉄道が走っているような雰囲気を目指した。

　高架下テナントのリーシングもエリアのコンセプトを踏まえてやっていただき、いわゆるチェーン店ではなく、地域に根差した個性的な店舗（飲食店・雑貨店・ホテル等）が入ることになった。オープン前・直後は先の見えないコロナで非常に困難な状況だったと思うが、今では各店舗ともエリアの日常の風景にとてもなじんでいるように思う。

写真 5　東京ミズマチ（河川側）　　　**写真 6　東京ミズマチ（道路・公園側）**

（写真 5・6 提供：東武鉄道（株））

（イ）　すみだリバーウォーク（平面図中⑧）

　すみだリバーウォークは、隅田川に架かる東武鉄橋（隅田川橋梁（1931 年架橋））に新たに添架された歩行者専用橋である。浅

草と東京スカイツリーを結ぶ東西導線には、吾妻橋と言問橋を渡るルートがあったが、東西軸をより強化し事業の効果を最大限に発揮させるために、東武鉄道(株)が河川占用（河川敷地占用許可準則の特例占用、協議会で地域合意。）を取り、新たに設置した。

　鉄橋に並行して歩行者橋を架けるという構想は以前からあったが、技術的に可能か、事業的に成り立つか、河川管理者との調整や対岸の台東区との調整など、様々な課題やハードルがあったと想像するが、2019年1月に東武鉄道(株)から区に建設したい旨の相談があり、そこから約1年半後の2020年6月には完成した。今ではエリアになくてはならない橋になっている。

写真7　すみだリバーウォーク全体像　　写真8　すみだリバーウォーク（開通後）

（写真7・8提供：東武鉄道（株））

ウ　区による整備、事業の推進体制

（ア）　親水テラス及び小梅橋船着場（平面図中①、②）
　東京都が耐震護岸と管理用通路を整備した後、区は管理を引き継ぎ、一般に開放する親水テラスとして照明灯や植栽、ベンチの整備を行った。「Design Guideline」の方針に基づき、植栽は川の風景に合うしだれ柳や、区の花である桜を植樹し、墨田らしい水辺の風景を演出した。

写真 9　北十間川（整備後）　　写真 10　小梅橋船着場（整備後）

　なお、親水テラスは、整備後全面開放を予定していたが、南側テラスには民家やマンションが隣接しており、防犯性やプライバシーの観点から、住民との話し合いにより一部区間は閉鎖管理又は夜間閉鎖にしている。勉強会や協議会を通じて地元町会とは積極的にまちづくりのイメージ共有を図ってきたが、沿川住民全員にイメージが浸透しているわけではなく、住民の反対もあってテラスを全面開放できていない。

　小梅橋船着場は、北十間川に架かる小梅橋の西側に新設した12m×3.5m の浮桟橋形式の船着場である。水辺の利活用を考える上で、舟運は忘れてはいけないコンテンツであり、施設の位置づけは防災船着場であるが、平常時は河川占用を受けた区の産業観光部が舟運の社会実験で利用している。隅田川につながる東京スカイツリーに一番近い船着場で、今後、更に利活用が期待される施設である。

（イ）　隅田公園（平面図中③）

　隅田公園（隅田公園は隅田川を挟んで台東区・墨田区の両区にあるが、ここでは墨田区側の公園をいう。）は、江戸時代は水戸藩下屋敷が、明治時代は水戸徳川家の小梅邸があった場所である。1923 年 9 月 1 日の関東大震災で被災し、徳川家がこの地を去った後は、東京市が震災復興大公園の一つ（他に錦糸公園と浜町公

園）として整備した。開園当時の隅田公園は、日本庭園の造りを引き継ぐとともに、日本初のリバーサイドパークとして、隅田川沿いに幅員約 33 ｍの桜並木の公園道路（ブールバール）をもつ、水辺と一体的な公園であった。

　1975 年に区は管理を引き継ぎ、その直後に大改修を行ったが、その後、約 40 年が経過し、樹木の大木化・老木化により園内は見通しが悪く、施設の老朽化も相まって、暗い雰囲気の公園になっていた。外部からは遮断された空間で、近所の方から公園の印象を聞くと、子どもたちを一人で遊ばせに行かせられない、夜は怖くて大人でも近づきにくい、といった意見が多く聞かれる、お世辞にも安心して利用できる公園ではなかった。そこで、エリア開発の目玉の一つとして、隅田公園の一部（南側）を再整備することとした。

　再整備は、千葉大学の藤井英二郎名誉教授とランドスケープデザイナーの上野泰氏に助言・監修いただき、水戸徳川家の小梅邸、明治天皇の行幸・花見（歌碑が残る。）、震災復興公園の開園など、この場が経験した歴史的事実に触れられるよう、当時の遺構（石材等）の再利用や歴史案内板の設置などにより、歴史に配慮した整備とするとともに、大きな広場（芝生広場・舗装広場）や花見ができる丘など、東西軸創出による新たな利用客や、ニーズを受け止められる空間整備としている。

写真 11　震災復興公園当時の公園道路　　　　**写真 12　隅田公園（整備後）**

（写真 11・12 提供：すみだ郷土文化資料館）

　公園整備のもう一つの特徴は、「利活用」を意識した整備をしたことである。一般的な公園と違い、遊具などの施設は無い空間だからこそ、用途を絞らない、使う人を陰で支援する設えとはどういったものか検討し、イベント等で利用できる電源・給排水等の基礎的インフラのほか、仮設物を固定できるリングや単管を自立させられる仕掛けを各所に設置した。

（ウ）　コミュニティ道路（平面図中④、⑤）

　現地ではあまり目立たないが、河川や鉄道と並行して、公園の南側に区道が走っている。従前は、鉄道高架と公園のうっそうとした樹木に囲まれ、人通りがほとんど無いガードレールだけの歩道と、ショートカットする車が通過するだけの道路だった。

　この道路が今回のエリアの一体整備でコミュニティ道路に生まれ変わった。排水側溝はあるが公園側や高架下側との敷地に段差や仕切りはなく、舗装も同色を使用しているため、一見して道路に見えないつくりになっている。また、交通管理者との協議により終日車両通行禁止（自転車は通行可。）の交通規制がかかり、電線事業者の協力により無電柱化が実現できたため、公園の一部のような一体的空間として利用されている。なお、高架下施設を建設する段階で接道を取る必要があったため、廃道することはできなかった。

写真13　コミュニティ道路（整備後）　　　**写真14　三ツ目通り横断部**

　現状の課題としては、エリア中央を分断する三ツ目通りの連続化を図ることであり、横断歩道の新設などの連続化の手法については、継続協議中である。

（エ）　小梅橋（平面図中⑥）

　小梅橋は、エリアの東端に位置し北十間川に架かる 1953 年に架橋した橋で、着工当時から63 年が経過し、遠くはない将来に架け替えが計画されていた橋である。エリアの一体的整備に際し、東西導線の連続化を阻害するものであったこともあり、予定より早く架け替えに着手した。新橋は、回遊性向上に備えて歩道幅員を拡幅するとともに、親水テラスからのスロープを接続し、水辺の導線の連続化を図った。

写真 15　小梅橋（架け替え前）

写真 16　小梅橋（架け替え後）

（オ）　事業の推進体制

　区が事業を進める上で重要なポイントとして、2018 年にこれまで事業を進めていた整備部門とは別に、区の中枢の企画部門にプロジェクトチームが組織されたことがある。このチームには、私を含め区職員 2 名（2 名とも整備部門との兼務発令）、東武鉄道(株)から職員 1 名が出向して組織された。整備部門だけでは手が回らなかったエリアの利活用の検討や、整備後の良好な管理運営に向けた検討（エリアマネジメントの検討、公共空間の活用方

針の策定、協議会と連携したイベント実施・広報活動・社会実験の実施など）を担った。これにより、区の中での位置づけが、単なる公共空間整備ではなく、公共空間を中心としたまちづくりに発展させることができたと思う。出向している職員を通して、東武鉄道(株)とも、これまで以上に中身の濃い関係を築くことができた。エリアマネジメントの実現は頓挫したが、私もプロジェクトチームの立場を利用して、整備部門ではなかなか話の通らなかった新たな試みを随分と実現できた。事業を推進する中で、組織組みや体制づくりがいかに効果的に働くのかということがよく分かった貴重な体験だった。プロジェクトチームは 2018 年から 3 年間で解散したが、その時生まれたきっかけやつながりにより、エリアが発展的に盛り上がっている様子が見られる。

　なお、エリアのまちづくりは、ビジョンを共有した一体的空間整備や事業推進方法について評価いただき、2020 年国土交通省による「かわまち大賞」を受賞した。

3　エリアの今後

（1）　公共空間の活用（社会実験から実走へ）

　　2020年春には、隅田公園、コミュニティ道路と北十間川北側テラス（一部を除く。）、東京ミズマチ、すみだリバーウォークがそれぞれオープンし、盛大にオープニングイベントを実施する予定だったが、新型コロナ感染症がまさに拡大を続けている最中で、式典の準備をギリギリまで進めていたが、結局はイベント中止という判断が下った。

　　オープンしたエリアでは、計画時に想定していたインバウンドや国内観光客の姿はほとんど見られなかったものの、コロナ禍で外出自粛が続く中、近場のオープンスペース、レクリエーション需要の高まりもあって、隅田公園の芝生広場などは近所の皆様に大いに使っていただけた。そのおかげもあってか、エリアのリニューアルは開業当初から地元の方々に大変好評をいただいた。

　　そんな中、区としても大々的なイベントは企画できないものの、せっかく生まれ変わったエリアで何かできないかと考え、始まったのがエリア活用の社会実験「そよ風会議室」の実施である。隅田公園を「自分ちの庭」にしようという行動指針の元、公共空間はみんなのものだけど自分でも使ってよいのだという姿勢を見せるため、まずは職員自らが使ってみようと考えた。公園に簡易なテントを一つ持ってきてミーティングで利用するところから始め、続いてエリアの情報発信や公共空間活用の営業をしていると、散歩の途中で声をかけてくれる人が現れ、自分たちも公共空間を使ってみたいという相談を受け、顔見知りになった人が一休みで

きる場所に発展していった。社会実験の名前も、「そよ風会議室」→「そよ風L＠B」→「そよ風コンシェルジュ」に変容していき、話が盛り上がって新たなイベントが生まれることや、何か一緒にやろうという住民同士のつながりが生まれることもあった。こちらも地元勉強会の時と同様、会議室で机を囲んでやるより、まずは現地でやってみようという精神で、大成功だった。

　なお、これらの社会実験を踏まえて作った隅田公園利用の手引き（隅田公園利用ガイド）を区公式HPで公表しているので、興味のある方はご覧いただきたい。

写真17　そよ風会議室、社会実験のイベントなどの様子（2020年頃）

（2）　エリアの今後

　2020年以降、南側の親水テラスや小梅橋船着場は順次完成し、関係機関が思い描いてきた一体的空間はおおむねできあがった。

　開業当初からの地域住民の利用に加え、コロナ後は観光客の数も回復し、それまであまり見ることのなかった若者や親子連れの姿も増えたため、区の新たな賑わいスポットになった。東京ミズマチの営業や、隅田公園のそよ風広場でのキッチンカー出店、週末のイベント実施は、既に墨田区の日常的な風景になってきている。

　また、エリア周辺では若者目当ての新しい店舗も見かけるようになった。新たな賑わい創出とすみだリバーウォークの効果もあり、浅草と東京スカイツリーの間の東西導線は明白なものになった。

　現在、隅田公園は、第二期整備として北側の日本庭園を中心と

した整備に着手している。第二期整備は 2025 年の春に完成予定で、2025 年 4 月からは第一期整備範囲と併せて指定管理が入ることになる。今後は、東西の人の流れを区の北側・南側にも広げていく取組も継続して行っていきたい。

（3）　終わりに

このプロジェクトを総括すると、ポイントは、次の点にあったように思う。

- ・「河川・鉄道・道路・公園の一体的空間を、2020 年東京オリパラまでにつくる」というキャッチーで誰もが納得できる目標を設定できたこと
- ・『Vision Book』、「Design Guideline」、勉強会、公共空間の活用方針策定など、エリアの未来像を、関係機関や地域住民と体感で共有しながら進められたこと
- ・プロジェクトチームという必要最小限の事業推進体制で各関係機関の意思決定がスピード感をもって行えたこと
- ・コロナなどの想定外の事態も、前向きに柔軟な発想で乗り越えられたこと

ここまでの事業経緯をできるだけ事実にそって説明してきたつもりだが、個人的な解釈や思惑が入っている可能性があることをご理解いただきたい。また、理想のまちづくりに向けて各地で奔走している皆さんに向けて、本事業のわずかな部分でも参考になればと思い、うまくいったことを中心に書いてきたが、こうすればよかったという反省や、エリアにはまだまだ課題が残っているということも述べておきたい。

7 年間という行政としては珍しく長い期間、本事業に関わらせ

ていただき、仕事面ではもちろん、人間的にも大きく成長できた。このプロジェクトは、短期間ながら非常に多くの方の理解や協力のもと為し得たものであり、私が言うのもおこがましいが、プロジェクトに力添えをいただいた関係者や地元町会・商店会の皆様には、この場を借りて感謝申し上げたい。

表1　プロジェクトの主な出来事年表

年月	出来事
2014年3月	東京都が北十間川（源森水門〜東武橋）の耐震護岸整備に着手
2014年9月	墨田区、東京都、東武鉄道による水辺活用や賑わい空間創出等の検討会を開始
2016年1月	北十間川「墨田区水辺活性化フォーラム」を開催
2016年2月	「北十間川水辺活用に向けた勉強会」を開始
2016年11月	工事関係者（墨田区、東京都、東武鉄道）により、ビジョンミーティング開始
2017年3月	『Vision Book』完成
2017年7月	工事関係者（墨田区、東京都、東武鉄道）により、デザインミーティング開始
2017年9月	北十間川周辺整備の「Design Guideline」完成
2018年3月	「北十間川水辺活用協議会」を発足
2018年9月	隅田公園、コミュニティ道路、北十間川親水テラス工事着工
2019年3月	「北十間川周辺公共空間の活用方針」の策定・公表
2019年4月	すみだリバーウォーク・東京ミズマチ工事着工
2020年3月	隅田公園再整備（第一期）完了・使用開始
2020年6月	すみだリバーウォーク・北十間川親水テラス使用開始、東京ミズマチ開業
2020年6月	公共空間利活用促進プロジェクト「そよ風会議室」の開始「そよ風L@B」、「そよ風コンシェルジュ」に形を変え実施
2020年12月	国交省の令和2年度「かわまち大賞」を受賞
2021年3月	小梅橋船着場完成、観光舟運社会実験の開始
2021年4月	墨田区と東武鉄道が沿線まちづくりに関する包括連携協定を締結
2022年8月	隅田公園（第二期）再整備に着手
2022年2月	隅田公園（第一期及び二期整備範囲）の指定管理者募集開始
2023年9月	隅田公園（第一期及び二期整備範囲）の指定管理者決定

まちづくり塾で
取り上げた
自治体まちづくり

第3章
浜松町・竹芝地区の まちづくり

ポイント

ポイント1：商業・業務地から水辺や歴史・文化と
多様さをもつ港区

ポイント2：都市再生特別地区制度を地域のために使う

ポイント3：エリアの新しい価値創出をめざすエリアマネジメント

内藤　結子

1　港区のまちづくり

（1）　港区のまちの特徴とまちづくりの経緯

　港区は将来都市像を「うるおいある国際生活都市―歴史と未来が融合する　魅力と活力あふれる　清々しいまち―」としてまちづくりを進めている。人にやさしい良質な都市空間・居住環境を皆で維持し、想像し、運営していく、というまちづくりの基本理念に基づく。港区は、1947（昭和22）年に誕生し、23区の中央部、武蔵野台地の東端に位置し、東京湾に面し、起伏に富んだ地形が広がっている。人口は1959（昭和34）年に約25.6万人となり、その後最小となり15万人を切ったが、その後急激に人口が回復し、2024（令和6）年現在　約26万人となっている。

　港区まちづくりマスタープランを策定した1988（昭和63）年当時は、地価高騰、事務所床面積の増大と定住人口の減少が課題であったが、現在は想定を上回る人口増加への対応や環境、持続可能、国際都市、参画と協働などがまちづくりの視点として挙げられる。

　また、新橋や虎ノ門、六本木など日本有数の商業・業務地であり、多くの人でにぎわう地域、高輪や麻布地区など居住機能を中心とした落ち着いた街並みが広がる地域、田町や芝浦、品川など運河や海などの水辺に面し、国内外へのアクセス性に優れた地域など多様さをもっている。そのような地域でありながら、まちには歴史や文化資源が随所に見られ、歴史的建造物、文化財建造物も多く存在している。

（2）　　　「まちづくり」との関わりと都市計画マスタープラン

　私が「まちづくり」と密に関わることとなったのは、今から約
9年前である。入区後は道路や公園の維持管理の現場にいたのだ
が、9年前に都市計画の部署に異動した。そこでは、区のまちづ
くりに関する計画やガイドラインを策定していた。都市計画マス
タープラン、緑の基本計画、景観計画、低炭素まちづくり計画・・・
それぞれに法律と補助金と事業が別れていることを理解し、さら
には港区のまちづくりの最上位計画である都市計画マスタープラ
ンに描く将来都市像の実現に向けて、まちづくりを進めていく、
という気概を持っていた。

　ちょうどその頃、係では都市計画マスタープランの改定の真っ
只中だった。今回の改定においては目指すべきまちの姿として「世
界に開かれた国際的なまち」を、まちづくりの方針に低炭素化と
国際・観光・文化が加わった。

　策定の過程において1度参加した会議で、「人口増加」に関す
る議論がされていた。昭和22年の港区誕生以来、区の人口は昭
和30年代は約25万人だったが、1993（平成5）年には約15万
人まで減少していた。その当時は、都心においては「定住人口の
増加」が喫緊の課題であった。一方、現在の区の将来人口推計は
2031（令和13）年には30万人に達する見込みである。このよう
な人口が今後も増加していくことに対する議論であったが、イン
フラや地価の高騰、交通渋滞などを考えれば、適正な人口規模は
あるのでは？と自分では考えているのだが、「そもそも人がどこ
に住むのか、住みたいのかという根源的な考えに対して規制を行
うことは違うのではないか」という議論が交わされ（もちろんそ
の前後には色々な文脈があったが）、まちに「住みたい」「住み続
けたい」ということが最も重要なことだと実感した。そして、と

ても難しく、重い「都市計画」というものを扱う部署に来たのだ、と身をもって感じていた。

表1　港区総人口（日本人＋外国人）の推計結果

（人）実績値◄─►推計値　　　　　　　　　　　　　　　　　　　　　　対令和6年比

	R6 (2024)	R7 (2025)	R8 (2026)	R9 (2027)	R10 (2028)	R11 (2029)	R12 (2030)	R13 (2031)	R14 (2032)	R15 (2033)	R16 (2034)	R17 (2035)
総人口	266,306	270,896	275,568	280,304	285,119	290,058	295,135	300,547	306,186	312,016	318,064	324,358
老年人口	45,306	45,907	46,849	47,685	48,706	49,823	51,194	52,891	53,934	55,927	57,702	59,391
生産年齢人口	184,858	188,307	191,481	194,908	198,334	201,721	205,107	208,482	212,749	216,149	219,799	223,614
年少人口	36,142	36,682	37,238	37,712	38,079	38,513	38,834	39,174	39,503	39,940	40,563	41,353
対令和6年比	100.0%	101.7%	103.5%	105.3%	107.1%	108.9%	110.8%	112.9%	115.0%	117.2%	119.4%	121.8%

■ 年少人口　■ 生産年齢人口　■ 老年人口　●総人口　◆対令和6年比

出典：港区人口推計（令和6年3月）

2　エリアマネジメント
（第2回まちづくり塾の活動記録より）

（1）	第2回まちづくり塾の概要

　エリアマネジメントについて、2024年1月20日（土）に行った第2回まちづくり塾「浜松町・竹芝地区のまちづくりについて」において取り上げていたので記しておきたい。

　当日は浜松町駅〜旧芝離宮恩賜庭園〜竹芝デッキ〜竹芝地区の視察を予定していたものの、天候の関係から竹芝地区の視察のみとなった。視察においては、一般社団法人竹芝地区エリアマネジメント様にご協力いただいた。

　現地では、東京ポートシティ竹芝において、浜松町駅周辺のまちづくりについて私から説明を行い、あわせて（一社）竹芝地区エリアマネジメント様から、竹芝地区のエリアマネジメントの取組についてご説明いただいた。

【第2回まちづくり塾の概要】
日時：2024年1月20日（土）
場所：港区浜松町駅周辺〜竹芝地区
テーマ：エリアマネジメント、都市再生特別地区
参加者：東京23区、国土交通省、法政大学関係者計50名

写真1　視察の様子

写真2　竹芝地区の様子

（2）　竹芝地区のエリアマネジメント

　竹芝地区では、東京都による都有地活用事業「都市再生ステップアップ・プロジェクト（竹芝地区）」をきっかけに、エリアマネジメント活動が開始された。地域関係者と行政関係者から成る協議会と、事業運営会社の両輪による事業推進体制で、協議会は、竹芝地区のまちづくりの方向性を協議し、地域の賛同を得た企画・計画を（一社）竹芝エリアマネジメントが実施している。

　竹芝地区では、港区及び（一社）竹芝エリアマネジメントとの官民連携 で未来ビジョンを策定し、エリアの新しい価値創出に貢献

写真3　道路利活用の社会実験の様子

写真提供：一般社団法人竹芝エリアマネジメント

できる様々な取組を進めている。にぎわい創出や回遊性向上を図ることを目的に、竹芝みなと通りや歩行者デッキなどの道路空間を活用して、オープンカフェ、バナーフラッグやデジタルサイネージ掲出等の社会実験も実施している。

（3）　エリアマネジメントのこれから

エリアマネジメントについては様々な著書で書かれているところだが、改めてその定義を確認すると「地域における良好な環境や地域の価値を維持・向上させるための、住民・事業主・地権者等による主体的な取組」とある。

今までのまちづくりは施設整備がゴールであったが、まちが持続可能であることや、生み出された空間に人が集い、活用されることがまちの魅力であり価値（貴重さ）である。そのような視点に立つと、エリアマネジメントという取組は欠くことができないものと考える。

今回、まちづくり塾でご紹介いただいた竹芝地区のエリアマネジメントにおいては、多様な活動をご紹介いただいたが、他のエリアマネジメント比較した場合に、この地域らしさや地域の特徴をいかした取組であると考える2つの事例を紹介しておきたい。

①旧芝離宮夜会
日常では夜間は閉鎖している庭園を特別に開園し、夜間のライトアップイベントを開催。江戸時代に造られた大名庭園は地域における貴重な資源であり、それをいかした新しい価値の創造と新たなファンを増やす場になっている。

②竹芝干潟
汐留川の河川占用により干潟を整備し、子どもたちの環境教育

や東京湾の生きものの生息環境の保全、再生をめざす。

図1　旧芝離宮夜会

出典：東京都公園協会 HP

写真4　竹芝干潟

著者撮影：令和 3 年 6 月 30 日

3　浜松町駅周辺のまちづくり

　浜松町駅周辺では、2015（平成27）年に竹芝地区、2018（平成30）年には芝浦一丁目地区においても都市再生特別地区が都市計画を決定し、現在もまちづくりが進められている。2022（令和4）年には、浜松町駅北口東西自由通路東側橋台部が供用開始となり、これにより竹芝地区、汐留地区がデッキにより接続された。今後は、橋上化されるJR浜松町駅、東京モノレール浜松町駅、東側橋台部と駅を接続する東西自由通路など周辺地区とをつなぐ歩行者ネットワークや、交通機関相互の乗換えの利便性向上を図る縦動線等の整備を予定している。

　浜松町駅西口地区は、JR浜松町駅の西側に位置し、地区内にはJR浜松町駅、東京モノレール浜松町駅、地下鉄大門駅、バスターミナルがあり、交通利便性の高い地区である。しかしながら、朝夕時のホームや改札等は非常に混雑している状況にあり、また、他の交通機関との乗換え動線が複雑でわかりにくいなど、利便性や安全性の向上が課題であった。こうした課題の解決を図るため2013（平成25）年に駅前拠点にふさわしい多様な機能を備え、利便性の高い国際性豊かな、にぎわいのある複合市街地の形成を目指すことを目標とした地区計画および都市再生特別地区を決定し、段階的に整備を進めてきた。

　一方、近年の訪日観光客の増加、観光需要の高まり、またポストコロナを見据えた観光産業のさらなる発展が予想され、本地区でも観光拠点の形成が重要課題となった。また、港区の都市計画マスタープランにおいては、国際都市としての環境整備として、国内外からの旅行者を受け入れる商業や宿泊、文化、交流、観光

などの都市機能の集積を図り、来訪者が快適に過ごせる環境の整備を推進することを位置付けている。

このような背景を踏まえ、新たに宿泊・観光支援機能を整備し、駅前拠点にふさわしい多様な機能を備えた複合市街地の形成を図るため、2021（令和3）年に地区計画および都市再生特別地区の変更を行った。

（1） 都市再生特別地区

近年我が国では、急速な情報化、国際化、少子高齢化等の社会経済情勢の変化に都市が十分対応できたものとなっていないことに鑑み、これらの情勢の変化に対応した都市機能の高度化及び都市の居住環境の向上を図るため、都市再生特別措置法（2002年6月施行）が制定された。

港区の北側及び南東のエリアは、都市再生特別措置法に基づき、都市再生を緊急的に促進する必要がある「都市再生緊急整備地域・特定都市再生緊急整備地域」として指定されている。都市再生特別地区とは、都市再生緊急整備地域内において、既存の用途地域等に基づく用途・容積率等の規制を適用除外とした上で、自由度の高い計画を定めることができる都市計画制度であり、民間事業者による提案（都市再生への貢献）を基本としている。

提案内容の優良性を評価するにあたっては、都市開発諸制度の運用基準に列挙されたものに限定されるのではなく、都市機能や都市環境の改善・向上など都市再生効果を幅広く多面的に捉えるとしている。例えば、地域に求められるにも関わらず不足している機能や地区外における公共施設等整備なども挙げられる。

東京都全体では、2024（令和6）年4月時点で62の都市再生特別地区が決定されており、港区では15地区が決定している。

（2）	地区の歴史

　浜松町は、江戸時代は「芝」と呼ばれたエリアに位置し、現在のJR浜松町駅北口前のガード下付近がかつての海岸線だった。旧芝離宮恩賜庭園付近も江戸時代に埋め立てが行われたが、竹芝地区などの大規模な埋め立ては大正期以降である。1872（明治5）年の鉄道開業当時から、浜松町駅付近では列車が運行されており、浜松町駅の開設は1909（明治42）年である。東京島嶼部とを結ぶ竹芝桟橋が現在の地に移転されたのは、1953（昭和28）年。その後、1964（昭和39）年に東京オリンピックが開催され、同年に、羽田空港へのアクセス改善を目的として、国鉄浜松町駅と羽田空港を結ぶ東京モノレールが開業した。また、昭和初期から1964（昭和39）年までは地区内には都電・都バスの車庫があり、当時より交通の要衝であったことが想像される。

　その後、1970（昭和45）年に日本一の高さを誇る超高層ビルとして高さ152 mの世界貿易センタービルディングが建設された。東京では霞が関ビルディングについで2番目に建てられた超高層ビルである。1961（昭和36）年に創設された「特定街区制度」を活用したものであり、都市計画駐車場とバスターミナル（自動車ターミナル）も設置された。

　また、浜松町駅の東側に位置する旧芝離宮恩賜庭園は、江戸初期に造られた大名庭園で、回遊式築山泉水庭園であり、17世紀に築庭された現存する庭園である。かつては海水を引き入れた潮入りの池であった。現在も「海水取入口跡」を見ることができるが、海とのつながりが絶たれ、淡水の池になっている。

（3） まちづくりの取組

　浜松町駅西口地区では、2013（平成25）年に地区計画、都市再生特別地区を決定した際には、①交通結節機能の強化、②国際交流拠点の形成、③交通結節点における防災機能の強化と環境負荷低減、への取組が提案された。その後の社会情勢の変化等を踏まえ、2021（令和3）年に都市再生特別地区を変更した際には、それらに加え、④観光拠点・都心型MICE拠点の形成に資する都市基盤・都市機能の整備の取組（観光プレ体験施設やDMO活動施設の整備、隣接する旧芝離宮恩賜庭園の整備等）、⑤防災性向上と環境負荷低減への一層の取組（低炭素化など環境負荷低減に寄与する環境性能の向上や帰宅困難者支援機能強化への取組）が提案された。

写真5　浜松町駅周辺と竹芝デッキ（上）、汐留デッキ（下）

（著者撮影：令和6年3月30日）

（4）	今後のまちづくり

　浜松町駅を中心とし、ほぼ同時期に進められた３地区のまちづくりは、各地区が連担して歩行者ネットワークや観光拠点化の整備を進めることにより、１地区に留まらない、エリアの広範囲で実現されることとなった。それにより、従前よりエリアの課題であった交通上の課題やまちの分断に対し、歩行者デッキでつなげることで、地域の回遊性を向上することが可能となった。浜松町駅周辺では、汐留地区の開発等を機に、駅周辺での交通整序と歩行者空間の充実等が課題として従前より露呈していた。そのような課題について、複数地区との連携と都市再生特別地区の活用により、解決を図ることができたと考えている。

　今後は、ビジネスや交通の玄関口としての役割だけでなく、日本や世界各地からこのまちを訪れ、滞在する観光地としての役割も期待される。江戸の歴史を感じ、歩いて楽しい、さらに滞在したくなるまちづくりが期待される。

　このように本地区のまちづくりについては、私が現在の部署に異動した年に都市再生特別地区、地区計画の都市計画変更を行い、現在も建物や基盤の整備が進められている。自分自身は今まで多くの関係者のみなさまが取り組み、築いてきたものに、少しだけ関わらせていただいたに過ぎない。

　そのような立場でも、ひとつだけ感じたことを記しておきたい。都市再生特別地区によるまちづくりには、地域の課題解決に繋がる、魅力を向上させる可能性の高さがある。特別区（東京23区）の場合、都市計画の決定権限が分かれており、東京都が主導して進めるもの、区が主体的に進められるものがある。国が指定する都市再生緊急整備地域、東京都が決定する都市再生特別地区では

あるものの、自由度が高く、地域に求められるにも関わらず不足している機能確保や地区外における公共施設等整備を行うことが可能であり、広い区域でのまちづくりの効果が期待できるものである。そのためには、事前から（開発機運の醸成段階）、この地区で守りたいもの、求められる機能、期待される役割などを、最も地域に近い区が主体的に準備しておくことが重要であると感じている。

〔参考・引用文献〕

国土交通省土地・水資源局（2008）「エリアマネジメント推進マニュアル」（平成20年3月）

国土交通省HP「都市再生」、https://www.mlit.go.jp/toshi/machi/index.html（2024年3月24日閲覧）

東海汽船HP、https://www.tokaikisen.co.jp/130th/

東京都HP「東京都における都市再生特別地区決定一覧」、https://www.toshiseibi.metro.tokyo.lg.jp/cpproject/intro/list_saisei.html（2024年7月26日閲覧）

東京都建設局公園緑地部（2018）「東京都における文化財庭園の保存活用計画（旧芝離宮庭園）」（平成30年8月）

東京都公園協会HP「ライトアップイベント旧芝離宮夜会〜幾年ひかる〜」、https://www.tokyo-park.or.jp/park/kyu-shiba-rikyu/news/2024/100.html

内閣府HP「国家戦略特区東京都都市再生分科会」、https://www.chisou.go.jp/tiiki/kokusentoc/tokyoken/tokyotoshisaisei.html（2024年3月20日閲覧）

港区（2017）「港区まちづくりマスタープラン」（平成29年3月）

港区（2020）『港区史―自然編』（令和2年10月）

港区（2024）「港区人口推計」（令和6年3月）

港区（2024）「港区都市計画概要」（令和6年4月）

港区HP「各年1月1日現在の人口・世帯数（昭和29年〜令和6年）（人口・世帯数住民基本台帳に基づく）」

自治体まちづくり

に関する

調査・研究

第4章 板橋区における公共交通施策

ポイント

ポイント1：住民の身体状況の変化を考慮した公共交通施策実施の検討

ポイント2：身体能力を維持する仕組みや都市構造をつくる必要性

ポイント3：他分野（健康づくりや医療介護、住宅政策等）
との連携の必要性

笹沼 史明・御正山 邦明・千葉 亨二

1 板橋区の成り立ちと交通環境

| （1） | 中山道・川越街道の整備と宿場町 |

　京から近江国、美濃国、信濃国を通り、上野国、武蔵国をはじめとする東国の各地へ向かって古代に整備された東山道、これが中山道のもととなったルートとされている。

　その後、中山道は、徳川幕府による五街道の一つとして整備され、江戸日本橋を出発し最初の宿場町として「板橋宿」が置かれた。板橋宿の間を流れる石神井川には、古くから"板"でできた橋が架かっており、これが「板橋」という名の起源ではないかと言われている。

図1　中山道ルート

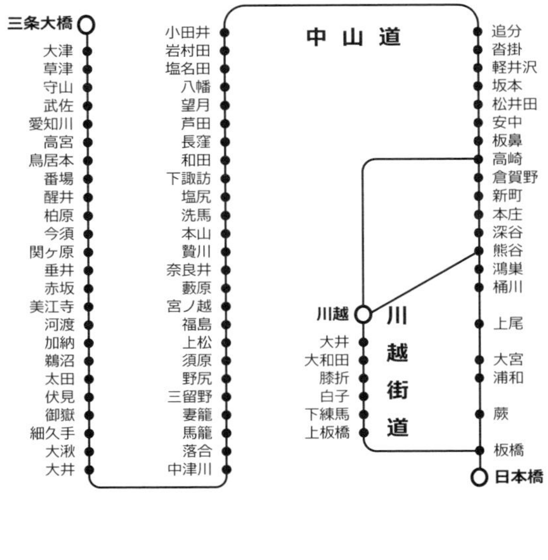

（筆者作成）

　一方、戦国時代に太田道灌が川越と江戸を結んだ道を、江戸時代に脇往還として整備したのが、川越街道である。板橋宿の平尾追分で中山道と別れて西へ逸れ、現在の板橋区と練馬区の区境付近を通過するルートを描いている。途中、「上板橋宿」と「下練馬宿」が置かれ、現在でも街道の雰囲気を感じることができる。

　板橋区内において、中山道は国道 17 号線と、川越街道は国道 254 号線と概ね一致又は重複しており、南北・東西を行き来する主要な幹線道路となっている。

図 2　中山道と国道 17 号線、川越街道と国道 254 号線

（筆者作成）

（2）　鉄道・バスによる公共交通網の形成

　明治に入り様々な鉄道計画が打ち出される中で、東京～高崎間の中山道に並走する上野～熊谷間の鉄道と、赤羽から板橋・池袋・新宿、渋谷を経由し品川に至る鉄道の整備が行われた。大正に入ると川越街道に並走する東上鉄道（現在の東武東上線）が開業している。これらの鉄道の開通は、人と物の移動に影響をもたらし、

中山道と川越街道の役目も大きく変わっていったようである。

　それまでの板橋区は街道沿いの農村であったが、関東大震災を受けた「東京都市計画」によって、板橋宿の辺りを商業地域、区北部に位置する志村地域を工業地域、その間の地域を住居地域と指定を受けたことが影響し、交通が発展していった。

　まず、乗合馬車だったものがバス路線となり、中山道沿いとその周辺、東上鉄道の各駅、志村地域の工場を結ぶ路線などが整備され、区の路線バス網の基礎と考えられるものが誕生する。

　その後、昭和の戦時中には路線バスの輸送力の限界から、東京市電が志村地域の工場労働者の輸送のため中山道に延伸されたが、戦後になると、高度経済成長期を経て都心・副都心で働く労働者の住宅地への変化やモータリゼーションが進行していく中で、都営路面電車が都営地下鉄三田線に置き換えられていった。

　昭和60年代になり、都心から和光市までを結ぶ営団有楽町線（現在の東京メトロ有楽町線で、東京メトロ副都心線との並走区

図3　板橋区の鉄道路線図

（筆者作成）

間にもなっている。）が開業し、東武東上線との相互直通運転が開始されたほか、東北・上越新幹線の上野駅延伸に合わせて整備されていたＪＲ埼京線も開業を迎えた。

　現在、区の東側から、ＪＲ埼京線、都営地下鉄三田線、東武東上線、東京メトロ有楽町・副都心線の計４路線が都心と郊外を結ぶ方向に運行され、その路線の間隔は最大でも 2.3ｋｍと比較的密度が高く敷設されている。また、これらの鉄道の各駅を結ぶように路線バスが運行され、区内はまさに網目のような公共交通網が形成されている。

（3）	交通政策基本計画

　戦前・戦中・戦後と区内の市街化が進む中で、主要幹線道路（放射道路として、中山道、川越街道、新大宮バイパス。環状道路として、環状六号線、環状七号線、環状八号線。）の整備が進められた。また、区内の多くの地域で、耕地整理や土地区画整理が実施され、概ね一定水準の道路が整備されてきたものの、時代の変化とともに新たな課題や需要も生じている。

　自動車の大型化、歩行者空間の重視、自転車活用、環境対策、新たな乗用車両の開発・普及など既存の道路及び道路空間に対する要求は高度化しており、これらに対して、まちづくりとの整合や他分野への波及効果なども生み出しながら、人の移動＝交通をより良くしていくことを求められる時代となったのである。

　こうしたことから、板橋区では 2020 年に「板橋区交通政策基本計画」を策定し、だれもが安心・安全・快適に移動できる持続可能な交通環境を構築し、「人」が主役となる交通の施策を推進している。

| （4） | 人・物の移動による更なる変化 |

　過去において、人と物の移動が、徒歩から鉄道、自動車へと変化する中で、まちや社会・経済などが大きな影響を受けてきた。近年、日本では、少子高齢化の進展による生産年齢人口の減少が始まり、鉄道の混雑率低下が示すように通勤需要の減少が続いてきたほか、担い手不足が進んでいる。

　こうした中で、2019 年末に発生した新型コロナウイルス感染症拡大の影響で、徹底した感染防止対策により人との接触が避けられることとなり、外出自粛、出勤抑制、インターネットをフル活用した生活様式など日常生活に変化を生じさせ、「人の移動」に密接な関わりを持つ公共交通が、大きな転換点を迎えることとなった。

　また、高齢ドライバーの運転免許証の自主返納が奨励される一方で、その代替えの移動手段が求められており、さらに、少子化と「団塊世代」の定年退職による生産年齢人口の減少や、自動車運転業務の労働時間規制改正による所要人員の増加という、所謂、「運輸業界の 2024 年問題」も影響し、運転手不足は非常に深刻な状況が生じている。

　このように、公共交通は利用者が減少する一方で、高齢者からは移動手段に対する要望がありながら公共交通機関の「担い手」が不足するという状況である。

2　板橋区の公共交通の取組

（1）　公共交通サービス水準が相対的に低い地域

　　板橋区は、鉄道及びバスの路線網をみる限りでは、公共交通は総じて便利と考えられるものの、①鉄道駅から 500 m、②バス停から 300 m（1 時間に 1 本未満のバス停を除く。）離れた地域を「公共交通サービス水準が相対的に低い地域」としており、これらの地域の公共交通サービス水準を高める取り組みを課題としている。

図4　公共交通サービス水準が相対的に低い地域

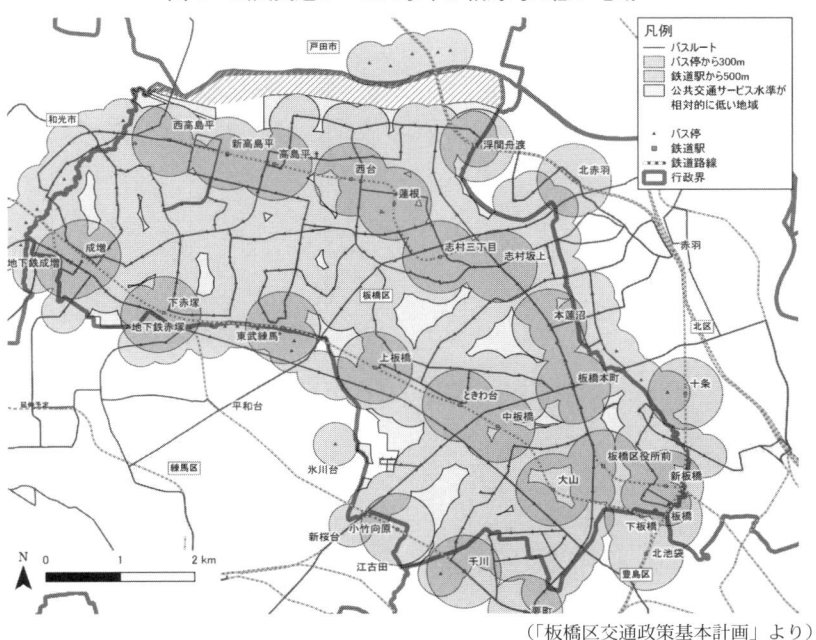

（「板橋区交通政策基本計画」より）

　区内には、このサービス水準が低く、ある程度の面積を有する地域がいくつか存在するが、いずれの地域もバスが走れる広幅員道路がない、または、広幅員道路はあるがその前後で大きな道路に繋がらないなどの課題から、新たなバス路線の期待はできない状況である。

　このほか、外出減少や運転手不足から、鉄道や路線バスの減便、始発の繰り下げ、終発の繰り上げなどのダイヤ改正が実施され、従来、公共交通が便利に使える地域でも、次第に交通サービス水準が下がりつつある状況となっている。

（2）　これまでの取組

　「公共交通サービス水準が相対的に低い地域」のうち、赤塚・大門・四葉・徳丸地域の交通事情の改善のため、2010 年 3 月からコミュニティバス「りんりんＧＯ」の実験運行を開始した。2012 年に東武東上線と都営三田線を結ぶルート変更を行い、2014 年には収支率や利用者数等、実験運行に対する評価結果を受けて本格運行を決定した。その後も、通勤通学や駅までの移動の足として毎年利用者が増加し続けていることから、車両を入れ替えるタイミングで小型バスから中型バスへの変更を実施した。

写真1　コミュニティバスりんりんＧＯ　　写真2　住宅地でのタクシー乗場社会実験

　　その他の地域の取り組みとしては、道路幅員等からコミュニティバスの導入が困難である住宅地に、タクシー乗場を設置する社会実験を 2 か所で実施した。もとより、駅や病院に向かって走行する「空車」のタクシーをよく見かける地域で、この空車のタクシーとタクシーを利用したい人を結びつけることができればと考えたことが始まりである。

　　この社会実験は 2 年超実施したが、そもそもタクシーの利用が少ない状況の中で、コロナ禍での外出減少やタクシーアプリの普及などにより、実際の利用は振るわなかったものの、タクシー乗車地や降車地として指定するなどの活用がされていることが確認できた。

（3）　更なる検討に向けた取り組み

　　区役所までのコミュニティバス運行や、地域を巡回するワゴンバスがあれば便利になるという趣旨の要望が繰り返し寄せられているが、公共交通を巡る環境の厳しさが増している状況の中で、「持続可能な取組」を新たに作り上げていくことは非常に難しいことである。

　　そこで、人の移動や外出に大きく影響する区民の身体状況を明らかにするとともに、持続可能な地域の移動利便性向上に向けた取組の要件について検討を行うことを目的に、タクシー乗場社会実験の効果検証と合わせて実施したアンケートの分析を行った。

（4）　住民の移動と身体状況について

　　公共交通と住民の移動や身体状況に関する研究には、地方都市と高齢者を対象としたものが多く見受けられる。鈴木（2021）は、「公共交通の利便性が高齢者の外出行動に与える影響」において、

「交通利便性の低い地域ほど高齢になるにつれて娯楽目的での外出が減少しやすい」傾向があるとし、鈴木（2021）は、「大都市ほど高齢者の外出率は高いという特徴が確認できた」としている。谷本（2013）は、「高齢者の機能的健康と公共交通に関する研究」において、中国地方の地方都市を対象として調査を行い、「公共交通の利用が健康維持に寄与することが分かった。」「公共交通を利用している人は、自家用車を利用している人よりも健康維持の確率が高いことがわかる。」と報告している。

こうした先行研究がある中で、大都市の住民の移動や身体状況等と公共交通の関わりなどを調査することとした。

（5）　アンケート調査

（1）　調査方法

区では、「公共交通サービス水準が相対的に低い地域」の一つである「東新町・小茂根」地域（駅から 1,000 m 前後、徒歩で10〜15 分程度）の住民の移動実態や移動に関する意向、身体状況についてアンケート調査を実施した。また、この地域との比較のため、「公共交通が便利に使える地域」である「向原」地域（駅から400 m 以内）についても、同様の調査を行った。

調査方法は、アンケート用紙を調査対象地域の各住戸の郵便ポストに投函し、郵送（料金受取人負担）またはインターネットでの回収を行った。

（2）　集計結果

「東新町・小茂根」地域で 513 通（うち 40 歳以上の方の回答が 422 通）、「向原」地域で 185 通（うち 40 歳以上の方の回答

が150通）の回答があり、①休まず自分ひとりで歩ける距離、②身体状況、③外出頻度、④路線バスの利用、⑤タクシー利用の状況、といった内容について年齢層別に比較・分析を行うこととした。

①歩行可能距離

「休まずに自分ひとりで歩ける距離」については、

ア）年齢が上がるに従い、歩ける距離は短くなる傾向があるが、80歳以上でも1km程度歩ける人が一定程度見られる。

イ）2地域を比較すると、「公共交通サービス水準が相対的に低い地域」である「東新町・小茂根」地域の方が、80歳以上でもより長い距離を歩ける傾向がある（図5）。

などの結果が得られた。

図5　休まずに自分ひとりで歩ける距離（東新町・小茂根、向原）

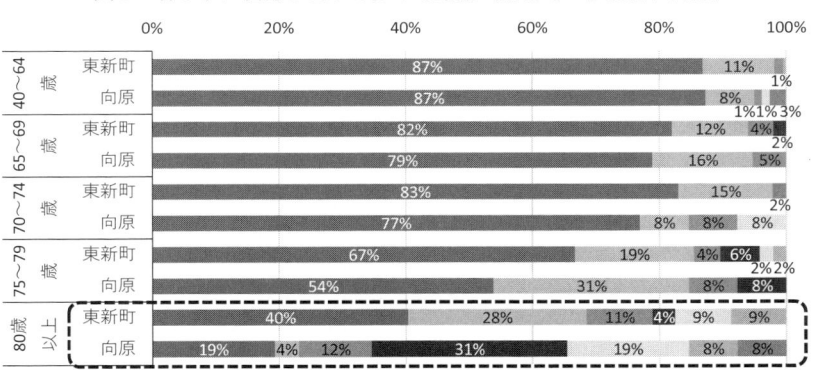

（出典：図5以降いずれも、板橋区（2023）『令和5年度第2回板橋区公共交通会議資料』2023年10月31日筆者加筆修正）

②身体状況

身体状況については、次の4つの移動に関係する身体の状態の質問に対して、該当すると回答のあった数をカウントした。

a）休まず自分ひとりで歩ける距離が「100m程度まで」若しくは「外出には誰かの介助が必要」

b）歩行中につまずくことがある

c）階段を上がる時に手すりが必要

d）2kg（牛乳パック2個程度）の買い物をして持ち帰るのが困難

なお、この質問のうちb）からd）は、高齢者の運動機能に関する質問[1]を参考に作成している。

この集計では、

ア）年齢が上がるに従って該当数が増えていく傾向があり、75歳を境に一段と該当数が増える。

イ）どちらの地域も傾向は同じであり、有意な差はない。（図6）

図6　身体状況（東新町・小茂根、向原）

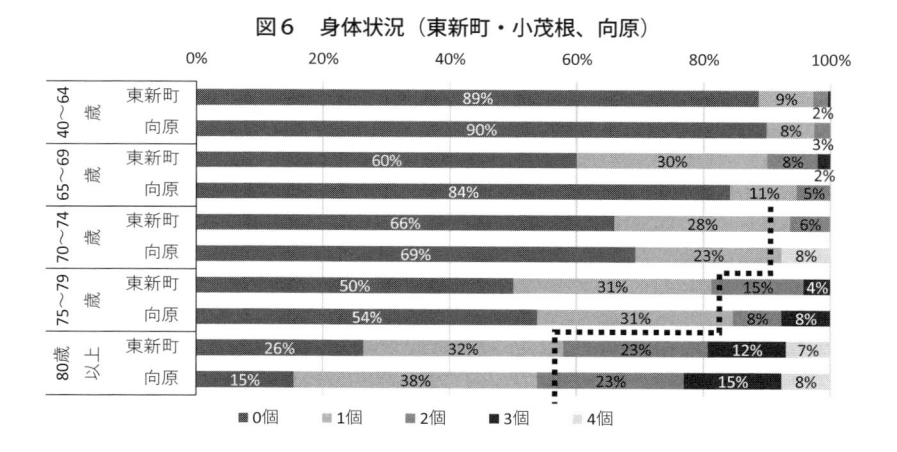

③外出頻度

外出頻度については、

> ア）年齢が上がるに従って、1週間あたりの外出日数が少なくなり、80
> 歳以上では一段と外出頻度が低下する
> イ）2地域を比較すると、「東新町・小茂根」地域の方が、80歳以上で
> も週に複数回外出する傾向がある

ということがわかる（**図7**）。

図7　外出頻度（東新町・小茂根、向原）

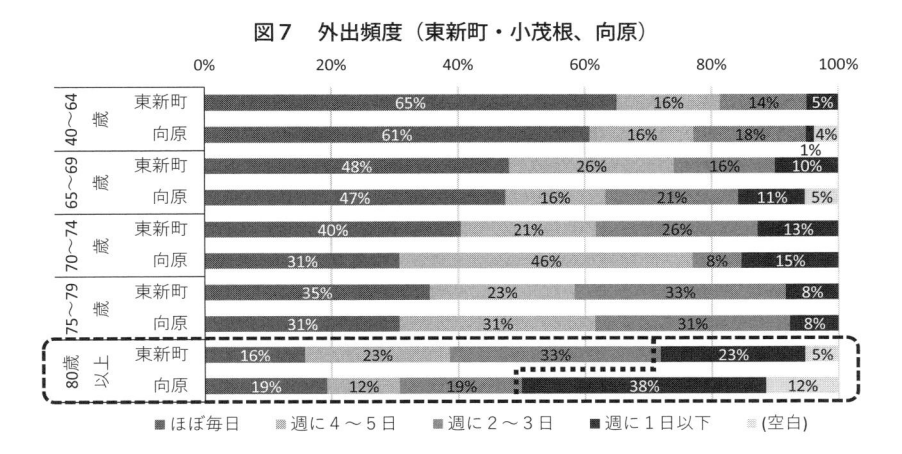

1　公益社団法人日本整形外科学会『ロコモパンフレット 2020 年度版』による。

④路線バスの利用

　路線バスの利用については、

> ア）70歳代をピークに利用頻度が増加するが、80歳以上になるとバス
> 　　の利用頻度が低下する。
> イ）「公共交通サービス水準が相対的に低い地域」である「東新町・小
> 　　茂根」地域には、地域内を起点とし、池袋駅へ向かう路線バス[2]が
> 　　あるものの、高齢者であっても利用頻度は低く、日常の移動での路
> 　　線バスの利用は多くはない（**図8**）。

図8　路線バスの利用（東新町・小茂根、向原）

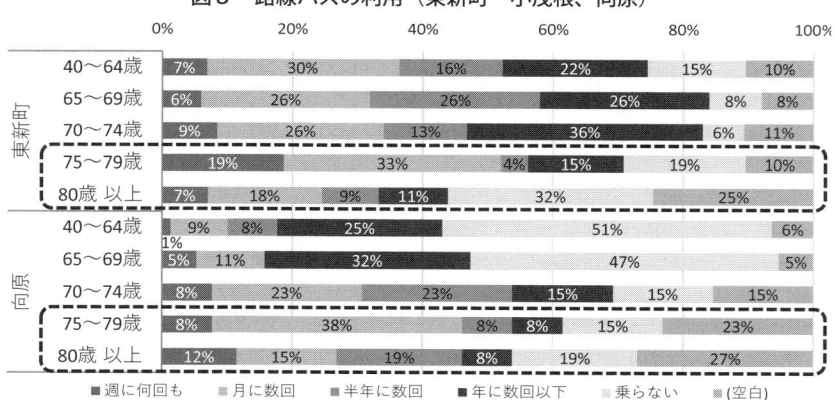

2　当該路線バスは約80分間隔と運行頻度の低いバスである。なお、アンケート調
　査終了後に運転手不足の影響により、平日は、朝夕を除く日中時間帯の運行が取り
　止めとなった。

⑤タクシー利用の状況

タクシー利用の状況については、

> ア）2地域ともに79歳以下は、「年に数回以下の利用」及び「乗らない」
> 　という回答が、概ね7～8割を占める。
> イ）80歳以上では、「公共交通サービス水準が相対的に低い地域」の「東
> 　新町・小茂根」地域のタクシーの利用頻度が上がるが、それでも「月
> 　に数回」の利用に留まっていることがわかる（図9）。

図9　タクシー利用の状況（東新町・小茂根、向原）

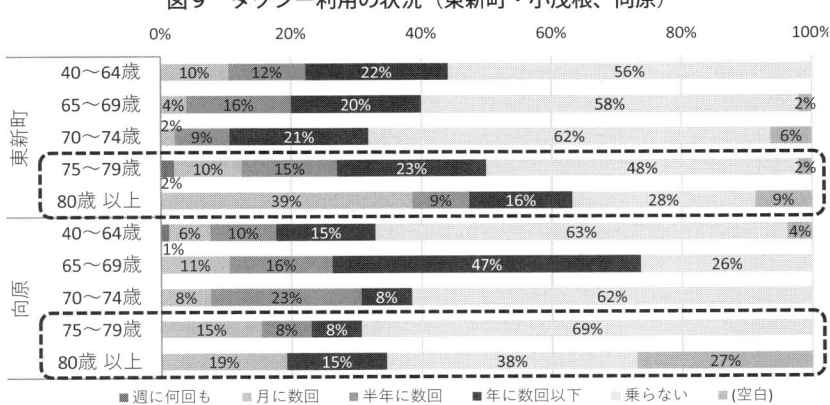

凡例：週に何回も　月に数回　半年に数回　年に数回以下　乗らない　(空白)

（6）	アンケート結果分析

このアンケートの分析の結果、次のようなことが見えてきた。

（1）　年齢と身体状況について

年齢と身体状況の関係について、①休まずに自分一人で歩ける

距離、②身体状況から、歩行や外出に関する身体能力は 70 歳代まで緩やかに低下し、80 歳以上になると更に低下するが、「公共交通サービス水準が相対的に低い地域」の方が、低下の度合いが小さい傾向が見られる。

これは、駅やバス停からの距離が比較的離れ、日々の生活で一定程度の歩行を要することで、80 歳を超えても、歩行や外出に関する身体能力が維持される可能性が高いと考えられる。

（2）　外出の頻度について

外出の頻度については、年齢が上がるとともに外出頻度が減少する人が増え、80 歳以上になると一段と減少する。しかし、（1）同様「公共交通サービス水準が相対的に低い地域」の方が、その減少は小さい傾向が見られる。歩行や外出に関する身体能力が維持されていることで、外出が可能となっていると考えられる。

（3）　公共交通機関の利用やその変化について

公共交通機関の利用やその変化については、「公共交通サービス水準が相対的に低い地域」の「東新町・小茂根」地域の 75 〜 79 歳の方は、9 割の方が週に 2 〜 3 日以上の外出をしているが、週に何回もバスに乗るのは 2 割弱であるし、タクシーの利用頻度も少ない。そして、80 歳以上の年齢になると、利用頻度は少ないものの、タクシーによる移動が増加し、路線バスの利用が減少する傾向が見られる。

東京都内の 70 歳以上の高齢者は、東京都の発行する「シルバーパス[3]」を取得すれば、路線バスの利用は無料であるものの、バス停まで歩いてバスに乗り、バスを降りた先でも歩くことは、一定程度の身体能力を求められることを鑑みると、身体能力の低下

がタクシー利用を増やしていると考えられる。

　言い換えれば、身体状況に応じた交通手段が選択されており、バスの利用も難しくなった人がタクシーに乗るという、移動手段のシフトが生じていることが考えられる。

（4）　その他

　「公共交通サービス水準が相対的に低い地域」は、地形の高低差はあるものの板橋区内どこでも最寄り駅から直線距離で 1 km強の距離で、健康な人が歩くと概ね 15〜20 分程度の立地である。また、10〜20 分間隔の頻度で路線バスが運行していても、自宅からバス停まで歩き、路線バスで駅に行くより、自宅から駅まで歩く場合のほうが、所要時間は同じか早く着くというケースも多い。

　このほか、板橋区内の路線バスは 1 乗車 210 から 230 円（70 歳以上の方はシルバーパス利用で無料）、タクシーが 2 km弱の移動で迎車料金込み 1,500 円程度に対して、駅の区営自転車駐輪場（一時利用）が 1 日 100 円であることから、「公共交通サービス水準が相対的に低い地域」でも、若い世代はバスやタクシーを利用せずに徒歩や自転車での移動が多く見られる上、高齢になっても歩行や外出に関する身体能力が維持されていることで、乗り物に頼らない移動を行っている可能性がある。

　また、食品を取り扱うスーパーマーケット等の店舗も区内に広く分布しており、「公共交通サービス水準が相対的に低い地域」でも買い物等は自宅の周辺で済ませることが概ね可能であり、日常生活において不便と言い切るほどではない環境であると言えよう。

　このような環境下での交通利便性改善のための施策は、現在の

3　年額 20,510 円（令和 6 年現在、税法上の合計所得金額が年間 135 万円以下の方は、年額 1,000 円）

移動手段との間で、所要時間や費用、施策による付加価値や影響
など幅広く比較・検討する必要があると考えられる。

3　公共交通のこれから

（1）　交通の役割

　人が生活をしていく中で、移動は不可欠である。この移動を便利にするために、人は道をつくり、乗物を生み出し、より快適な移動を実現するために、さらに進化させてきた。

　道は、人が歩く部分の土を均す程度から、石を敷き詰めたもの、アスファルトの舗装、自然環境に配慮した舗装へと変化し、車や鉄道、飛行機などの乗物も、大量輸送、快適性、高速移動など、それぞれの特性を活かした進化を遂げてきた。そして、現在、ＤＸを活用してこれらをシームレスに連携し、ストレスない移動を実現させることで、更なる利便性を高める取組が進んでいる。

　こうした中にあっても、人の移動の基本は、やはり徒歩ではないかと考える。板橋区交通政策基本計画の基本理念は、「歩いて、乗って、住んでよし『人』が主役の交通都市～みんなでめざす交通まちづくり～」としているが、「人」の活動を支えるものが交通であると捉え、区の交通政策を位置づけている。

（2）　これからの交通を考えるにあたって

　第 2 節で述べてきたように区では、「公共交通サービス水準が相対的に低い地域」と「公共交通が便利に使える地域」で、79歳までの住民の外出頻度に有意な差はなく、80 歳を超えると、「公共交通サービス水準が相対的に低い地域」の方が住民の身体能力が維持され、外出頻度が高いという結果であった。

　また、これまでも述べたとおり、深刻な公共交通機関の担い手不足から交通サービスの提供にも大幅な制約が生じているが、担い手不足が大幅に改善される可能性は、現状を踏まえると小さいと言わざるを得ない。

　こうした状況から、これからの交通については、考え方を改める必要があるのではないだろうか。もちろん、どの年代であっても身体能力の衰えや障がいなどによる移動が困難な方への支援は、福祉的なアプローチが欠かせない。しかし、板橋区のように区内全域が「駅から徒歩圏」という自治体においては、隅々まで痒いところに手が届く交通サービスを安価に行きわたらせる必要性は高くないはずである。一方で、駅から少し距離が離れている地域の人の方が、年齢が上がっても身体能力が維持され、外出頻度も高いという状況を、どうとらえるかも大切である。

（3）　健康を目的とした移動のあり方

　人が健康で生き生きと暮らしていくために、公衆衛生分野では、食事や運動などの生活習慣の改善による心身の健康づくりの取組が、高齢福祉分野では、フレイル予防・介護予防を目指した、栄養摂取、体力維持等の取組が実施されている。いずれも、食生活の改善、身体を動かすこと、人と人との関係・地域のつながりなど、共通したものが掲げられている。

　公共交通は、特定方向への移動を大量輸送することで、その経費を多くの人で分かち合い、廉価にする仕組みである。これを維持していくために、交通分野では、日々の生活においてより積極的な利用を促しているが、現状において、網目状の交通網形成がされている板橋区では、区民の移動について今あるものをどう活用するか、という視点で考えたい。

　例えば、既存の交通の活用としては、いつもと違う鉄道やバス

に乗って出かけることで、新たな発見や、好奇心への刺激、人との出会いなどもあるだろうし、予想以上の距離を歩くことも期待でき、結果として健康に資する取組につながるのではないだろうか。またウォーキングは、行きは歩いて帰りは電車やバスに乗ったり、電車やバスで違う街に行って歩いたりなど、多様なウォーキングコースを組むこともでき、このような取組を積み上げていくことは、副次的に、既存の公共交通の利用を確保し、守ることに繋がっていく。

　運転手など担い手も不足していく中で、ひとりひとりが公共交通を守るための行動は、みんながコツコツ利用することしかない。そこに、健康という目的を掲げることで、より多くの利用が見込めるようになるのではないかと考えている。

　健康や高齢福祉分野の取り組みでは、運動・身体活動の啓発が行われるものの、具体的にどうするというところまでは踏み込み切れない。一方で、公共交通を利用して欲しい立場の交通分野では、移動の目的にフォーカスしきれていない。そこで、これらを組み合わせることで「人に響き」、健康で生き生きと暮らしていくための効果を生み出すことができるのではないだろうか。

　交通分野は、クロスセクター、共創といった言葉で表現される「他分野連携」に重きを置き始めたが、移動の目的は多種多様である。健康はあくまでも一つの切り口であるため、板橋区では移動目的と連動していくことで、潜在的な公共交通の利用を発掘していきたい。

（4）　更なる高みへ

　第2節のアンケート調査で明らかになった住民の移動の実態や身体状況の変化は、誰もが等しく経験していくものであり、都市づくり・まちづくりとして、それを受け入れる環境をいかに創り

　出していくかが、実は最も大切なのかもしれない。その実現には、多くの関係者の理解や、時間と労力を要するが、その道のりは容易ではない。

　そのため、次世代へより良いまちを引き継ぐ責任を持つ我々が、①都市づくり・まちづくりでのインフラや建築などのハード整備の分野では、これらに対応できる設計とすること、②身体能力を長く維持するための健康増進、フレイル予防や介護予防、生きがいを生み出せるまちの仕組みや都市構造をつくること、③年齢やライフステージ、身体状況などに合わせた居住選択を考える仕組みづくりなど、公共交通の分野のみならず、都市計画、建築、環境、健康や医療・介護、住宅政策など様々な分野と連携した取組としていくことが求められている。

〔参考・引用文献〕

板橋区史編さん調査会編（1999）『板橋区史』（通史編 下巻）

板橋区史編さん調査会編（1992）『区政 60 周年記念 図説 板橋区史』

板橋区立郷土資料館編（2018）『平成 30 年度特別展 都営三田線開業 50 周年記念 いたばし大交通展〜江戸時代の街道から鉄道まで〜』

小林保男監修（2009）『昭和 30・40 年代の板橋区 なつかしい青春の記憶』三冬社

東京都保健医療局 HP「とうきょう健康ステーション」、https://www.hokeniryo.metro.tokyo.lg.jp/kensui/（2024 年 6 月 1 日閲覧）

東京都福祉局 HP「東京都介護予防・フレイル予防ポータル」、https://www.fukushi.metro.tokyo.lg.jp/kaigo_frailty_yobo/index.html（2024 年 6 月 1 日閲覧）

板橋区（2023）『令和 5 年度第 2 回板橋区公共交通会議資料』、2023 年 10 月 31 日

板橋区 HP「板橋の位置・面積・地形・地質」、https://www.city.itabashi.tokyo.jp/kusei/profile/about/1006703.html（2023 年 12 月 1 日閲覧）

板橋区HP「世帯数・人口数 令和5年11月1日」、https://www.city.itabashi.tokyo.jp/kusei/shiryo/toukei/jinko/1020760/1044073/1049487.html（2023年12月1日閲覧）

鈴木美佳（2021）『高齢者の外出状況における地域間格差』、2021 年度日本地理学会春季学術大会 2021 年 3月26日〜28日

鈴木美佳（2021）『公共交通の利便性が高齢者の外出行動に与える影響』、2021 年度日本地理学会秋季学術大会 2021年9月18日〜20日

谷本圭志（2013）『高齢者の機能的健康と公共交通に関する研究』土木計画学研究・講演集（CD-ROM）、2013 年

第5章

東京における
外国人との共生

ポイント

ポイント1：全国の外国人住民の約20%が住む東京都

ポイント2：地域の生活者／担い手として認識した
取組への移行の必要性

ポイント3：地域主体との連携による取組の実現

青木　優子

1 外国人の増加・多国籍化が進む東京都

（1）　多国籍化する東京

　東京都は、既知のとおり、日本で人口が最多の都道府県であり、多様な背景をもつ人が住んでいる。その中でも、本節においては、近年増加傾向にある外国人住民に注目して、自治体におけるまちづくりの現状と今後求められる施策を考察したい。

　東京都に居住する在留外国人は、2014 年 394,410 人[1] から 2024 年 647,416 人と、10 年で約 1.6 倍となっている。さらに、国立社会保障・人口問題研究所によると、日本の総人口は 2020 年の 1 億 2,615 万人から 2070 年には約 3 割減少し 8,700 万人となり、このうち 10.8% を外国人が占めると推計されている[2]。現在日本に住む外国人の約 20% が東京都に居住していることを踏まえると、今後東京都の外国人住民はさらに増加することが予想される。

　また、これまでは中国、韓国・朝鮮、フィリピン等の出身者が多かったが、ここ最近はそうした国に加えてベトナム、ネパール等の東南アジアを中心とした国籍をもつ人も増えており、外国人住民の多国籍化が進んでいると言える。周囲を見渡せば、異なる

1　外国人人口—東京都の統計（tokyo.lg.jp）
2　日本の将来推計人口（令和5年推計）—国立社会保障・人口問題研究所（ipss.go.jp）

言語や文化背景をもつ人が隣に住んでいることは、そう珍しくはない。

（2）　区市町村ごとの居住状況

　東京都に居住する外国人の増加・多国籍化が進む中、全国の外国人住民の約 20% が東京都に住んでいるわけだが、区市町村別に居住状況を見てみると地域によって大きく変わる。ここでは主に 2 つ取り上げる。

　第一に、外国人住民は区部に集中し、市町村部では人数及び比率ともに低い傾向にある。東京都に住む外国人の約 25% が 4 区（新宿区、江戸川区、足立区及び江東区）に集まっていることからも、外国人住民の集住度合いは区市町村によって異なることがわかる。ただし、福生市や羽村市のように外国人住民数そのものは相対的に多くないものの、市における外国人住民が占める割合が高い地域もある。

　第二に、区部では「中国」「韓国・朝鮮」の割合が高い傾向にある一方、市町村部では「ベトナム」「フィリピン」の割合が高い傾向にある。さらに細かく見ると、千代田区・文京区・板橋区は中国出身者、港区・目黒区・渋谷区は米国出身者、江東区・江戸川区はインド出身者が多い傾向にある。

　以上のように、東京都の在住外国人数が多いと言っても、区市町村によって置かれている状況は様々である。そこで、次項では、まず東京都の区市町村における外国人住民との共生に関する取組の実態を見てみることとする。

2　外国人との共生に向けたまちづくり
―区市町村の組織実態と文京区の取組事例―

（1）　東京都 62 区市町村における取組の実態

　　筆者が東京都 62 区市町村に対して実施した、外国人住民との共生に向けた取組実態に関するアンケート調査をもとに、まずは区市町村による現在の取組状況と課題を考察する。

　　調査概要は、以下のとおり。

- 調査対象：東京都 62 区市町村の担当部署
- 調査実施日：2023 年 8 月 1 日〜 2023 年 9 月 30 日
- 回答数（回答率）：51 件（82.3%）
- 調査方法：電子メールによる調査票を送付

●　取組を進めるための環境

　　はじめに、組織・計画・ルール・プロセス等の観点から、取組を推進するための環境整備状況について実態を明らかにした。前提として、地域における外国人住民との共生の必要性を感じている自治体は 49（96.08%）であり、ほとんどの自治体が外国人住民を意識していることがわかる。

　外国人住民との共生に関する事業を担う部署・課が設置されている自治体は、41（80.39%）あり、多くの自治体で設置していることがわかった。ただし、組織名を見ると、「国際」「多文化共生」「市民協働」「人権」「多様性」等、自治体によって位置づけが異なる様子がうかがえる。

　また、総合計画の中で外国人との共生に関する言及は、43自治体（84.31%）である一方、外国人住民との共生に特化した計画の策定は15自治体（29.41%）にとどまる。加えて、条例等は、わずか4自治体（7.84%）で、内容は連絡会・検討会等の会議設置要綱や、多文化共生・人権等を推進するための基本条例が挙げられた（**表1**）。

表1　組織・計画・ルール・プロセス等の策定状況（n=51）

設問	選択肢	回答数	割合
地域における外国人住民との共生の必要性	必要性を感じる	49	96.08%
	必要性を感じない	2	3.92%
部署・課の設置状況	設置している	41	80.39%
	設置していない	10	19.61%
総合計画における言及状況	有	43	84.31%
	無	8	15.69%
特化した計画策定状況	有	15	29.41%
	無	36	70.59%
特化した条例等の策定状況	有	4	7.84%
	無	47	92.16%
特化した協議会・連絡会等（自治体が関与するもの）	有	20	39.22%
	無	31	60.78%

　このことから、地域における外国人住民との共生については、9割以上の自治体が必要性を感じているものの、取組を推進する上での自治体の環境整備状況にはばらつきがあることが確認できる。また、必ずしも外国人住民数及び比率と比例するものではな

いが、外国人住民数及び比率が高くなるにつれて、この分野に特化した組織・計画・ルール等が整備されていることが明らかになった。

また、「特化した計画の策定」「条例等の制定」「協議会・連絡会等の設置」の実効性や効果について、肯定的に評価されていることから、地域における外国人住民との共生に向けて、計画・ルール・プロセスは一定の効力を有すると言える。ただし、計画・ルール・プロセスをつくることが目的化してしまっては意味がない。地域によって外国人住民の数や比率、国籍、在留資格が様々であるため、その地域においてどのような計画・ルールが求められるか、丁寧に設計していく必要があると考える。

● 外国人住民との共生に向けた取組

地域で取組を進める上で特に意識する国籍としては、「中国」「韓国」「ベトナム」の順に多い。これらの順位は、全国における在留カード及び特別永住者証明書上に表記された国籍・地域の数の上位3か国と一致することがわかった。他方、「その他」の中には、近年増加傾向にある「バングラディッシュ」や「インドネシア」、国際的な動向を背景とした「ウクライナ」、海外姉妹友好都市等が挙げられた。また、「なし」を選択した自治体は2つに分けられると考えており、外国人住民数が多く様々な国籍を有する方が居住している地域と、外国人住民数が少ない地域がある。

取組内容については、総務省の多文化共生推進プランに掲げられる16の施策にもとづき設問を作成した。なお、前提として、事業に取り組む目的を聞いたところ、「生活支援」が一番多く、一方で「定住を促す」ことを目的とする自治体は少なかった。その他の回答としては、「外国人住民の地域参画の促進」「日本人と外国人の相互理解の促進」等が挙げられた（**図1**）。

図1　事業に取り組む目的（n=51、複数回答）

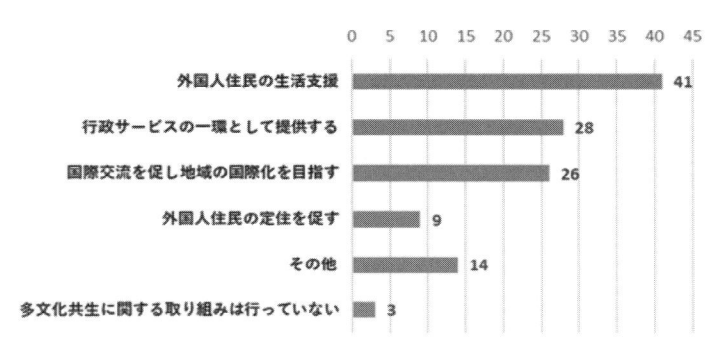

調査の結果、現状として、「行政・生活情報の多言語化」「多文化共生の意識啓発・醸成」「日本語教育の推進」「相談体制の整備」の順に取り組む自治体が多い。一方で、「外国人住民との連携・協働による地域活性化の推進・グローバル化への対応」「留学生の地域における就職促進」に取り組む自治体が少ない。これらは、2020年改訂の多文化共生推進プランに新たに追加されたものであるため、多くの自治体においてまだ取り組むことができていない状況にあると推察する。

他方、これから外国人住民との共生を目指すうえで、必要だと思う取組について質問したところ、生活者に対する施策（「子ども・子育て及び福祉サービスの提供」「医療・保健サービスの提供」「適正な労働環境の確保」等）及び外国人住民に対する施策（「多文化共生施策の推進体制の整備」「外国人住民の社会参画支援」「施設（国際交流センター等）の設立」等）に関する取組が、現在の取組状況と乖離があると言える（**図2**）。

以上より、現在の取組及び必要だと思う取組の結果から、コミュニケーション支援に関する取組はすでに進められているものの、生活に係る支援の強化に加えて、外国人住民を地域の担い手の一員として認識し社会参画を促す取組の推進、取組を進めるための

図2　現在の取組及び必要だと思う取組について（n=51、複数回答有）

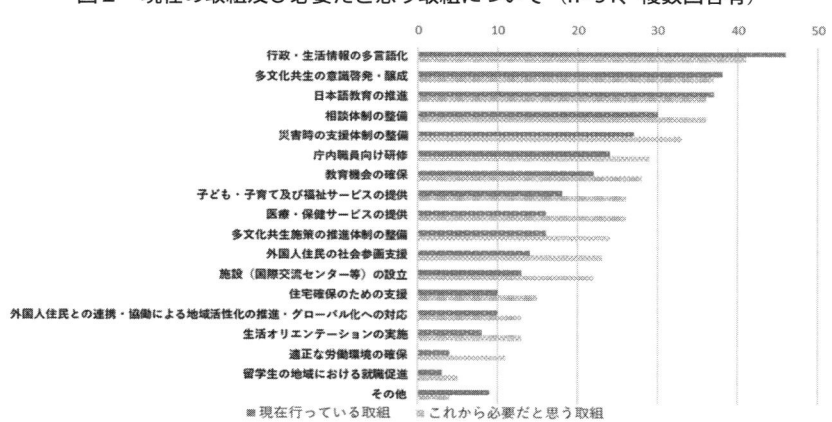

推進体制の整備が課題であることが明らかになった。

　ちなみに、外国人住民数及び比率の高さ別に、選択した取組数の合計平均を見ると、外国人住民数及び比率が共に平均以上の地域の方が、どちらも平均以下の地域と比べて選択数が多い。このことから、外国人住民数及び比率が高くなるにつれて、幅広い取組を行う傾向にあることもわかった。

● やさしい日本語の普及・活用

　前述のとおり、コミュニケーション支援に関する取組はすでに進んでいることがわかった。ただし、取組が進んでいるからと言って、言語の壁が解消されたわけではない。既存の区市町村による外国人住民向けアンケート調査結果でも、一定数の人が言語による困りごと（行政手続き、医療・福祉、防災、地域でのコミュニケーション等）を抱えていることが問題として指摘されている。

　国の「多文化共生推進プラン」では、施策の一つに「行政・生活情報の多言語化（ICTを活用）」が示されている。昨今在留外国

人が多国籍化している中、自治体の職員や財源には限りがあることを踏まえると、全ての言語に対応することは現実的ではない。そこで、近年東京都をはじめとする多くの自治体は、日本語が母語ではない人でも理解できるよう配慮した「やさしい日本語」の活用を進めている。

　こうした背景から、「やさしい日本語」の普及にむけた取組を聞いたところ、44（86.3％）の自治体が何かしら実施していることが明らかになった。その中でも特に「研修」が多く、次に「チラシ・リーフレット・動画」の情報発信が多く回答された（図3）。その他では、住民向けイベント、庁内外での情報発信、自動翻訳、人材育成、ガイドライン作成等の取組が挙げられた。他方、外国人住民数及び比率が低い地域においては、取組が行われていないことがわかった。これは、外国人住民が少なく国籍も限られているために、「やさしい日本語」の普及が喫緊の課題ではないからだと推察する。

図3　"やさしい日本語"の普及に向けた現在の取組（n=51、複数回答）

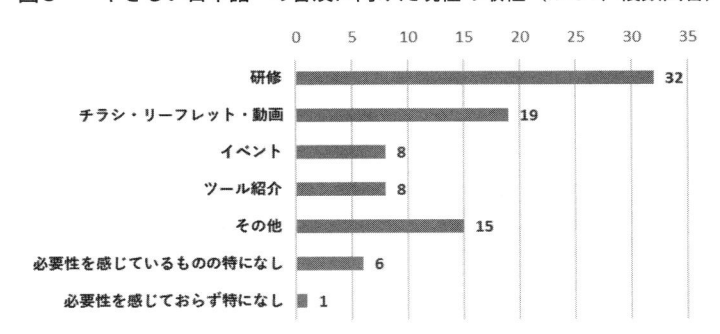

本調査の自由回答においても、「やさしい日本語」の効果や必要性を唱える意見が複数見受けられたことからも、今後自治体において外国人住民の生活を支援しつつ、地域への参画を促していくための手段として「やさしい日本語」に期待することができる

のではないだろうか。

● 事業推進に向けた連携体制

　外国人住民との共生に向けた取組を進める上で、担当組織単独でできることには、人もお金も限りがあると考える。そこで、「庁内における他の部署・課との連携状況」、「他の区市町村との連携」、「事業を委託する中間支援組織の有無」、「地域の活動団体との連携状況」について質問を行った。

　その結果、「他の区市町村との連携」を除く全ての設問において、約半分の自治体が連携体制を構築していることが明らかになった。

　また、外国人住民数及び比率の両方もしくはどちらか一方が東京都全域の平均を上回る自治体を「平均以上（n=25）」とし、外国人住民数及び比率の両方が東京都全域の平均を下回る自治体として「平均以下（n=26）」と設定し、連携状況を比較したところ、「他の区市町村との連携」を除くその他の設問で、「平均以上（n=25）」の自治体の連携している割合が高いことが示された（表2）。

表2　庁内外における連携状況

			あり		なし	回答なし	
他の部署・課との連携	全体(n=51)	30	58.8%	21	41.2%	-	
	平均以上(n=25)	18	72%	7	28%	-	
	平均以下(n=26)	12	46.2%	14	53.8%	-	
他の区市町村との連携	全体(n=51)	3	5.9%	48	94.1%	-	
	平均以上(n=25)	1	4%	24	96%	-	
	平均以下(n=26)	2	7.7%	24	92.3%	-	
中間支援組織	全体(n=51)	21	41.2%	29	56.9%	1	1%
（事業を委託している団体）	平均以上(n=25)	12	48%	13	52%	-	
	平均以下(n=26)	9	34.6%	16	61.5%	1	3.9%
地域の活動団体との連携	全体(n=51)	24	47.1%	27	52.9%	-	
	平均以上(n=25)	14	56%	11	44%	-	
	平均以下(n=26)	10	38.5%	16	61.5%	-	

　他の部署・課との連携先としては、「防災」「教育」「生活マナー」等の分野に関連した組織や、情報発信のための「広報」、研修を目的とした「人事」などの組織が挙げられた。また、回答の中には、全庁的に連携を進めている自治体も確認することができた。

　他方、前述のとおり、他の区市町村と連携する自治体は限られている。連携している自治体の中には、隣接する自治体間において、課題の把握や共有、課題解決に向けた事業の検討及び実施を行っていることがわかった。広域自治体である東京都と区市町村間における連絡会や情報提供がなされている一方で、今回のアンケート調査結果から区市町村間での連携はほとんどない状況ということが明らかになった。連携がないと回答した自治体の中には、「今後検討したい」と答えた自治体もある。外国人住民の生活が必ずしも一つの地域で完結するわけではないことからも、今後は広域自治体と基礎自治体間での連携だけでなく、近隣区市町村との連携や、外国人住民の居住状況が類似する区市町村との連携の可能性も視野に入れて検討していく必要があるのではないかと考える。

　事業を委託する中間支援組織については、委託先の団体として、「国際交流協会」が最も多く、他には市民活動を支える NPO 団体等も挙げられた。一方で、半分以上の自治体においては中間支援組織がない状態で取組を進めている。地域によってその必要性は異なるが、今後外国人住民の増加に伴い必要性が生じた場合に、どのようなプロセスで連携体制を構築し、各役割を定めていくか検討が求められる。

　最後に、地域の活動団体との連携状況をみると、地域主体との連携体制を構築している自治体の多くにおいて外国人住民の割合が 2% を超えている。実際の連携先をみると、「NPO 法人」「教育機関」「住民」「民間企業」の順に多く（「住民」及び「民間企業」は同数）、最も住民に近い自治組織だと考えられる「自治会・町

内会」は少ない結果となった。

　今回のアンケート調査結果より、東京都62区市町村における外国人住民との共生に向けた取組の実態とその傾向、今後に向けた課題が明らかになった。

　外国人住民との共生に向けては、取組の必要性をほとんどの自治体が認識しているものの、計画・ルール・プロセス・取組は、外国人住民数や比率が高い自治体において整備及び実施されている傾向にあり、進捗状況は自治体によって異なることが改めて明らかになった。取組の内容を見ると、総務省の多文化共生推進プランにおける「コミュニケーション支援」に分類されるような言語及び生活に関する支援策が多く、「意識啓発と社会参画支援」や「地域活性化の推進やグローバル化への対応」のような、外国人住民を地域の担い手として認識し、参画を促すような取組を行う自治体は比較的少なく、まだまだ発展の余地があると言える。

　特に、「多文化共生施策の推進体制の整備」「外国人住民の社会参画支援」「施設の設立」のような地域社会への外国人住民の積極的な参画と多様な担い手を確保していくための取組は、多くの自治体が必要性を認識しつつも現在取組が進められていない傾向にある。こうした取組があまり進んでいない今、どのような取組が求められ、また効果があるのか、検証及び分析していく必要があるだろう。そのためには、多くの自治体が課題として捉えている「外国人住民の実態把握」をどのように実現していくかの検討も併せて求められる。

　また、外国人住民との共生に向けては様々な問題が生じている。自治体の限られた職員のみで取組を進めることは現実的ではないことを踏まえると、庁内外での連携体制の構築を図っていくことが求められる。自治体の中には、庁内横断的な連携や地域の主体であるNPO法人、教育機関、民間企業等と連携しているケースも確認された。しかし、現状は庁内外問わず連携体制の構築があ

まり進められていない自治体が多い。他自治体が連携体制を構築する際のヒントとなるためにも、どのように連携体制を構築したか、それぞれがどのような強みを発揮しているか、情報を共有していくことも重要だと考える。

　最後に、外国人住民との共生に関しては近年生じたテーマであるため、他の分野に比べて事例や知見が少ないと思われる。解決すべき問題が山積みである中、本調査結果が、外国人住民との共生に向けた取組を行う皆様の一助となれば幸いである。

（2）	文京区の取組事例『やさしい日本語で留学生と交流会』

　自治体による外国人住民との共生に向けた取組の一例として、ここでは、文京区が主催した『やさしい日本語で留学生と交流会』（以下、交流会）を取り上げる。先んじて、この取組の中で筆者が注目したポイントを紹介すると、「日本人と外国人が一緒に学ぶこと」及び「一つの目的に対して一緒に作業すること」の 2 点である。

　文京区には、14,036 人（令和 6 年 1 月現在）の外国人住民が居住しており、その数は区の人口の約 5.7% を占める。その中でも、特に在留資格「留学」を有する外国人住民が多く、文京区に居住する外国人住民の約 33% に値する。日本に居住する外国人住民総数に対して在留資格「留学」を有する外国人住民が約 9% であることからも、留学生が多く居住していることは文京区の特徴であると言える。文京区には、国立、私立を問わず 19 の大学・短期大学が存在[3]している（令和 6 年 3 月現在）ことからも必然だろう。区は、こうした背景から、区内の大学等と連携し協働事業を進めるだけでなく、文京区在住・在学の留学生の協力を得なが

3　文京区（2024 年）「区内大学との連携について」、https://www.city.bunkyo.lg.jp/b014/p004163.html（2024 年 6 月 15 日アクセス）

　ら観光情報を発信する等の取組を実施してきた。こうした取組の中の一つとして、交流会は開催された。

　交流会は、全2回（基礎編・発展編）から構成される。目的は、外国人と円滑なコミュニケーションを取るためのやさしい日本語のコツを、基礎から応用まで体系的に学び、それをもとに実際に留学生と交流することとされる。開催概要は、以下のとおり。

- 日時：＜基礎編＞令和5年12月9日（土曜日）午前10時〜正午
　　　　＜発展編＞令和6年1月20日（土曜日）午前10時〜正午
- 会場：ABK アジア文化会館
- 講師：ABK 学館　日本語学校　教務主任　亀山稔史氏
- 対象：区内在住・在勤・在学者（中学生以上）
- 参加者：留学生15名程度、区内在住・在勤・在学者
　　　　　　　　　　　　　　　（中学生以上）30名程度

　当日、参加者は、留学生2人と日本人4人の6人程度のグループに分かれて座る。

　基礎編では、「やさしい日本語とは何か」「やさしい日本語の基礎知識」を座学で学ぶ。講師は、ABK 学館日本語学校教授主任の亀山氏が務めた（**写真1**）。やさしい日本語の使い方を学んだ上で、グループの中で実際にやさしい日本語を使って、カップ焼きそばの作り方を説明したり、お互いの好きなもの・ことを説明したり、やさしい日本語を意識したコミュニケーションの練習を行った。筆者自身も参加したが、カップ焼きそばの作り方について、誰にでもわかりやすい言葉で表すことが予想以上に難しいことを実感した。

　発展編では、基礎編の振り返りを行い、その後はグループワークを通じて、「日本人と外国人が関わりを持てるようなイベント」を企画した。はじめに、どんな場面であればお互いに接点を持つ

ことができそうか、アイデアを出し合い、それらをかけ合わせたりしながら一つのアイデアを選ぶ。そこから、イベントを企画し、実際にチラシのイメージを作成した。さいごに、各グループのイベントを発表し合い、交流会は終了となった（**写真2**）。

　参加者の中には、やさしい日本語についてほとんど知らなかった人もいたことから、交流会はやさしい日本語の認知度向上に寄与したのではないかと推察する。

写真1　講義の様子

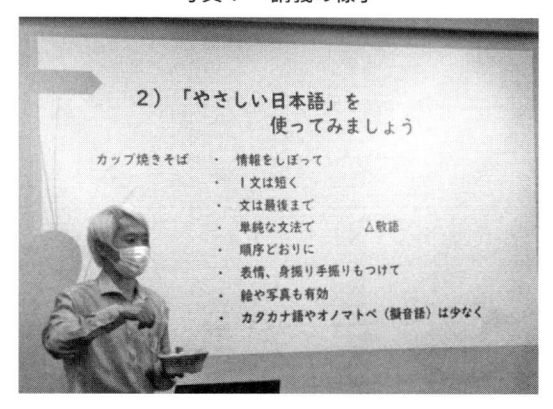

写真2　グループワークでの作成物

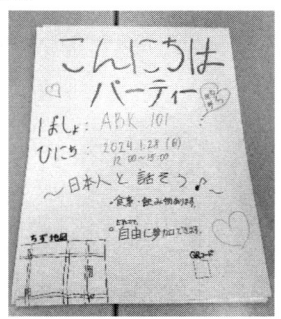

　交流会の実施内容や当日の様子を踏まえて、外国人住民との関係を構築していく上で重要な点を以下に2つ示す。

● 日本人と外国人が一緒に学ぶこと

　自治体等で一般的に行われるコミュニケーション支援の場合、地域の日本語教室といった活動が多い。そうした活動は、外国人住民からの需要も高く、子どもから大人まで学べる場として必要な取組だと理解する。ただし、このような場は、「教える側」と「教わる側」に構造化されてしまう可能性が高い。しかし、今回の交流会では、留学生と日本人が関係なく一緒に学ぶ側となり、同じ立場に立っている。このことによって、対等な関係を築くことが可能となっている。

● 一つの目的に対して一緒に作業すること

　やさしい日本語を一緒に学んでいるとは言っても、日常的な会話に集中してしまうと、どうしても日本語を母語とする日本人の方が、日本語を母語としない外国人に対して日本語を教えることになりやすい。そんな中、交流会では「企画をする」という一つの目的に対して、アイデアだしやチラシをつくるといった手を動かすようなグループワーク作業を通じて、それぞれが得意なことを発揮することができた。筆者のグループでは、留学生の一人がとても絵を描くことが上手だったため、料理のイラストや全体のデザインを担当してくれた。このように、共通の目的を達成するために各々ができることに取り組み、言語能力に関係なく役割を持つことができた。

　以上のことから、交流会は、単にやさしい日本語について知る

ことができるだけでなく、対等な関係を築きながら共通の目的に
対して一緒に作業することで、日本人と外国人住民が関係を構築
できる点で、地域の共生社会の実現に向けた効果的な取組だと考
える。

3　自治体への期待

　自治体のできることが限られていることから、必ずしも外国人住民の生活支援や各種サービスのすべてを自治体が提供するわけではない。他方、住民が地域に入ったとき、多くの場合最初に自治体と接点をもつこととなる。その意味で、自治体は外国人住民にとって地域への入り口になると言えることから、外国人住民との共生においては、自治体の取組が重要な位置づけにある。

　東京都62区市町村へのアンケート調査結果より、ほとんどの自治体が外国人住民との共生に向けた取組の必要性を認識している。一方、計画・ルール・プロセス・取組は、外国人住民数や比率が高い自治体において整備及び実施されている傾向にあるものの、進捗状況は自治体によって異なることが改めて明らかになった。また、取組の内容を見ると、総務省の多文化共生推進プランにある「コミュニケーション支援」に分類されるような言語及び生活に関する支援策が多く、「生活支援」、「意識啓発と社会参画支援」及び「地域活性化の推進やグローバル化への対応」のような、外国人住民を生活者／地域の担い手として認識し、支援及び参画を促すような取組を行う自治体は比較的少なく、まだまだ推進の余地があると言える。中でも、「多文化共生施策の推進体制の整備」「外国人住民の社会参画支援」「施設の設立」のような地域社会への外国人住民の積極的な参画と多様な担い手を確保していくための取組は、自治体は必要性を認識しつつも現在取組が進められていない傾向にある。こうした取組があまり進んでいない今、どのような取組が求められ、また効果があるのか、検証及び分析していく必要があるだろう。そのためには、多くの自治体が課題とし

て捉えている外国人住民の「実態把握」をどのようなプロセスで実現可能かの検討もあわせて求められるのではないか。

　また、外国人住民との共生に向けては様々な問題が生じている中、自治体の中の限られた職員のみで取組を進めることは現実的ではないことを踏まえると、庁内外での連携体制の構築を図っていくことが求められる。自治体の中には、庁内横断的な連携や地域の主体である NPO 法人、教育機関、民間企業等と連携しているケースも確認された。今回取り上げた文京区の事例においても、区内の日本語学校と連携することで、やさしい日本語の普及と留学生と参加者の関係構築のきっかけとして寄与した。しかし、現状は庁内外問わず連携体制の構築があまり進められていない自治体が多い。実際、一定数の自治体が「多文化共生施策の推進体制の整備」は今後必要だと捉えていることが明らかになっている。このような状況において、十分な取組を進めていく上では、庁内外の理解を得ながら協力者を増やし、外国人住民との共生の実現を目指して一緒に取り組むことが重要になると考える。今後は、地域が目指す方向を共通認識として持ち、そのために各自ができることを共有しながら、役割を担っていくことが求められるだろう。他自治体が連携体制を構築する際のヒントとなるためにも、今後はどのように連携体制を構築したか、それぞれがどのような強みを発揮しているかを明らかにしていくことが必要だと考える。

　最後に、東京都をはじめとする自治体それぞれが、外国人・日本人に関係なく、地域住民の誰もが役割を持ち、地域をともにつくっていく社会の実現に向けて取組を進めていくことを期待するとともに、その際に活用できる有益な情報を提供できるよう引き続き研究を進めていきたい。

〔**謝辞**〕

　本研究の調査に当たり、ご協力いただいた東京都及び 62 区市町村担当者の皆様、文京区の事例を取り上げるに当たって情報をご提供いただいた文京区及び ABK 学館の職員の皆様に、この場をお借りして、心から感謝申し上げます。

第6章

自治体のコロナ禍における市民協働のまちづくり

～多摩地域 30 市町村の市民協働実態調査から～

ポイント

ポイント 1：コロナ禍における自治体の葛藤
（リスクを最小限にとどめる取り組み）

ポイント 2：行政サービス継続への奮励努力
（DX の活用、デジタルディバイド対応 etc）

ポイント 3：次世代型市民協働のまちづくりとは
（多様化するコミュニケーション）

橋本　佳明

1 新型コロナウイルス感染症と自治体における市民協働

（1） 東京都における新型コロナウイルス感染症

　新型コロナウイルス感染症（COVID-19）が世界中をパンデミックの渦に巻き込んだのは記憶に新しいところである。日本国内で検知された新型コロナウイルス感染症第一例目は中国武漢市からの帰国者で 2020 年 1 月 15 日のこと。以来、新型コロナウイルス感染症の猛威は日本国中を席捲し、ようやく感染症の予防及び感染症の患者に対する医療に関する法律上、5 類感染症に位置付けられるのは 2023 年 5 月 8 日であり、ここに約 3 年半（約1200 日）に及ぶコロナ禍の狂騒がひと段落することとなる。

　厚生労働省「データからわかる－新型コロナウイルス感染症情報－」によると、2023 年 5 月 8 日現在の日本における累計感染者数 33,611,963 人（東京都 4,386,904 人）、累計死亡者数74,688 人（東京都 8,124 人）と公表されている。感染対策としていわゆる三密回避（密閉・密集・密接）が叫ばれたが、逆説的にいうと三密空間を保つことが困難である東京都が最も感染拡大の激しい地域となったのは既承のとおりである。

　まずは、記憶喚起のために緊急事態宣言の発出に至るまでの経過を振り返ってみる。政府は 2020 年 2 月に小学校・中学校・高校・特別支援学校等の一斉臨時休業を要請し、3 月には急激な需要の増大で発生した不織布マスク不足の解消を目的として所謂ア

ベノマスク（ガーゼ製布マスク）を全世帯に２枚ずつ配布することを決定する。さらに３月13日に成立した新型コロナウイルス対策の特別措置法に基づく措置である緊急事態宣言が、４月７日に、東京、神奈川、埼玉、千葉、大阪、兵庫、福岡の７都府県に発出され、４月16日には対象を全国に拡大することとなる。

　東京都は３月24日、この年の７月に差し迫ったオリンピック・パラリンピック2020東京大会の１年延期を発表した。さらに、４月７日の緊急事態宣言を受けて、小池都知事は「感染爆発重大局面」と宣言し、都民・事業者に対し、外出の自粛、施設の休業を要請するとともに、区市町村の長や専門家の意見・要請を可能な限り反映させた東京都緊急対策第四弾を発表した。

　しかし、これは先の見えない新型コロナウイルス感染症拡大の幕開けに過ぎず、その後の感染拡大はあらゆる社会情勢の変化をもたらすこととなる。この間の基礎自治体における感染症対策をはじめとする業務量増加に伴う苦労は想像に難くない。簡単に東京都における新型コロナウイルス対策の特別措置法に基づく措置（緊急事態宣言等）の推移と累計感染者数、死亡者数をまとめた（**表1**）。

　この新型コロナウイルス感染症が、市井の人々にとって、人の

表1　新型コロナ特別措置法に基づく措置の推移〔参考：措置発出日における感染状況〕

東京都の場合	措置期間	累計感染者数（人）		累計死亡者数（人）	
		日本国	東京都	日本国	東京都
緊急事態宣言	2020/4/7 ～ 2020/5/25	4,168	1,214	81	38
緊急事態宣言	2021/1/8 ～ 2021/3/21	272,118	71,599	3,939	674
まん延防止等重点措置	2021/4/12～2021/4/24	506,472	126,276	9,422	1,804
緊急事態宣言	2021/4/25～2021/6/20	564,596	135,153	9,970	1,876
まん延防止等重点措置	2021/6/21～2021/7/11	782,974	169,292	14,450	2,198
緊急事態宣言	2021/7/12～2021/9/30	818,787	182,116	14,955	2,256
まん延防止等重点措置	2022/1/21～2022/3/21	2,116,237	453,601	18,470	3,181
５類感染症移行	2023/5/8	33,611,963	4,386,904	74,688	8,124

出典：厚生労働省データからわかる新型コロナウイルス感染症情報より筆者作成

命、消費行動、働き方、経済、物流、雇用、学び、コミュニティ、先行きの見えない心理的不安などあらゆる生活面に深刻な影響を及ぼしたことは自明の理であるとともに、医療提供体制の脆弱さを痛感させるものであったことは間違いないであろう。コロナ禍を経験したことで新たな生活様式への変革がもたらされたのである。以降、5類感染症移行後も新型コロナウイルス感染症の発症者は絶えることは無く、現在もその後遺症に苦しむ人々も多く存在すると聞く。

　では、この新型コロナウイルス感染症は、基礎自治体における市民協働のまちづくりにどのような影響を及ぼしていたのであろうか。その体験からの新たな変革は生まれたのであろうか。そこで、新型コロナウイルス感染症が法律上5類感染症に位置付けられたタイミングである2023年6月に、市民参加と協働の観点から多摩地域30市町村におけるアンケート調査を実施した。

　調査対象エリアの多摩地域30市町村（26市、3町、1村）は、合算人口4,288,792人（2024年4月1日推計）であり、東京都総人口の30.3％を占める。折しもアンケート調査を実施した2023年は、多摩地域が神奈川県から東京府（当時）へ移管されて、北多摩郡、南多摩郡、西多摩郡の三多摩に編成された1893年から130周年をむかえ、東京都による"サステナブル・リカバリー、多摩のさらなる発展に向けて"と銘打った「新しい多摩の振興プラン21」の取り組みが行われていたことも相まって、本稿ではコロナ禍最中の多摩地域30市町村の現状を検証することとしたものである。

（2）　市民参加と協働に関するアンケート調査

　　あらためて、アンケート調査の目的は、新型コロナウイルス感染症が 5 類感染症に移行したタイミングでの市民参加と協働に関する多摩地域 30 市町村のアンケート調査の結果から、自治体のコロナ禍最中の対応や取り組み実態に加えて、意識や取り組みがコロナ禍を経たことによりどう影響を受けたのか、その後の取り組みを確認し、自治体へのコロナ禍の影響実態を検証することである。

---

① 　対象：30 市町村の市民参加・協働主管担当部署に対する

　　　　　　　　　書面アンケート（データ提供方式）

　＊ 30 市町村の市民参加・協働担当部署は一覧として章末に掲載

② 　日程：2023 年 6 月 10 日〜 7 月末（最終回答 10 月末）

③ 　アンケート依頼数：30 自治体（回答 28 自治体）

④ 　調査内容：以下の 6 項目

　　ⅰコロナ禍の影響、

　　ⅱコロナ禍でもできたこと、

　　ⅲコロナ禍でできなかったこと、

　　ⅳコロナ禍のメリット、

　　ⅴコロナ禍のデメリット、

　　ⅵコロナ禍の経験からの新たな取り組みについて

　　なお、本調査では、市民参加を「自治体の施策・実施に住民の意見を反映するための活動」、市民協働を「自治体と住民が目標を共有して互いに協力または保管しあうこと」と定義している。

　まずは、市民参加と協働の取り組みへのコロナ禍の影響の有無は如何なる状況であったであろうか。コロナ禍の影響の有無については、言わずもがなであるが、回答 28 自治体すべてから「市民参加と協働の取り組みにコロナ禍の影響があった」との回答を得た。但し、内 1 自治体からは「影響を受けなかった事業も一部あった」との報告をいただいている。

　具体的なコロナ禍の影響について、一般論として想定される選択肢への回答（複数回答可）を見てみたい（図1）。

　回答結果から、「市民協働事業が困難」、「取り組み開催数の減少」が 22 自治体、「参加市民数の減少」が 18 自治体と、市民協働の取り組みがネガティブな影響を受けている。これらは、新型コロナウイルス感染症に伴う三密回避、人と人の接触機会の減少やソーシャルディスタンスによる影響があったことが顕著であることが理解できる。その対応策として、「感染防止対策ルール」を 6 自治体が定めている。

　また、「リモート開催の増加」を 20 自治体が示しているように、リモート活用というデジタルトランスフォーメーションが一気に

図1　コロナ禍の市民参加・協働における影響
（選択肢方式、複数回答可、数値：回答自治体数、n:28）

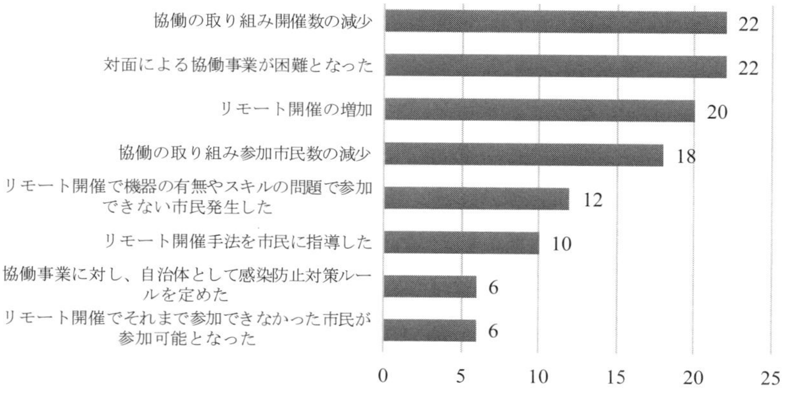

進んだことがわかる。その結果として、「今まで参加できなかった市民が容易に参加できるようになった」が6自治体とメリットがある一方で、「機器の有無やスキルの問題で参加できない市民が発生した」が12自治体といったデジタルデバイドの顕在化のデメリットもうかがえた。その対応策としては、「リモート開催手法の指導」を10自治体が実施している。

　新型コロナウイルス感染症が自治体の市民協働推進取り組みに与えた影響は、活動事業の量と質の両面での困難を物語り、感染症対応策として感染防止ルールの策定や、事業継続対応策としてリモート活用など地域の実態にあわせた臨機応変な対応がなされ、さらにデジタルデバイド対応策としての市民へのオンライン指導の実施など、コロナ禍という環境激変の中で各自治体が苦心され創意工夫し対応している姿が目に浮ぶ。

　コロナ禍の各自治体は、目に見えぬ新型コロナウイルスとの戦いの日々の中で、市民参加と協働の取り組みにおいても様々な困難さを克服していく努力がなされていたことがわかった。

2　コロナ禍は市民協働のまちづくりに何をもたらしていたのか

（1）　コロナ禍が社会にもたらした影響

　コロナ禍真っ只中の『令和2年度版情報通信白書（総務省）』では、新型コロナウイルス感染症が社会にもたらす影響として、社会全体のデジタル化「デジタル強靭化戦略」の推進について言及している。

　白書では、2020年「政府は5月4日、新型コロナウイルス感染症専門家会議からの提言を踏まえ、新しい生活様式の実践例を示した。日常生活の場面においては、通販の利用、電子決済の利用、娯楽・スポーツのオンライン利用、働き方の新しいスタイルとしては、テレワーク、会議のオンライン開催、名刺交換のオンライン実施等が挙げられている。」さらに、行政手続きについて、「安倍首相は、新型コロナウイルス感染拡大で経済活動の停滞が懸念されていることを踏まえ、行政と民間の業務オンライン化を推進する『デジタル強靭化戦略』を早急に策定するよう指示し、行政手続のデジタル化や、書類の使用や押印を前提とした業務の見直しなどの検討を加速させるよう求めた。」と報告している。

　この令和2年度版情報通信白書をみるに、新型コロナウイルス感染症がまん延する中で、国をあげて社会全体のデジタル化の推進が叫ばれていたことがわかる。

　では、自治体における市民参加と協働の取り組みの実態はどのような状況にあったであろうか。

　アンケート質問項目として、

①コロナ禍でもできたこと、
②コロナ禍でできなくなったこと、
③コロナ禍のメリットとデメリット、
④コロナ禍の経験から生じた新たな取り組み

について設問し、各自治体より自由記述方式にて回答を得ることができた。

（2）　　コロナ禍でもできたこと

　10自治体から市民参加と協働の取り組みについて「コロナ禍でもできたこと」の回答を得られた。

　コロナ禍でもできたこととして、「感染対策を行ったうえでの対面開催」「制限を設けての市民活動支援センターの運営」「書面での会議開催」「展示系や野外のイベント」「比較的小規模な集まり」といった感染対策を考慮した取り組みがあげられた。さらに、感染対策から一歩進んだ様々なリモート対応での取り組みがあげられている。具体的には、「リモートイベント」「オンライン会議」「オンラインワークショップ」「webフェスティバル」「ハイブリッド講演会」などの開催や、「SNS」を活用した相談業務、広報、アンケート調査などが実施可能であったとのこと。

　このリモート活用の効果として、その特性から住民サイドでは匿名性や手軽さなどから意見が出しやすくなったのではないか、自治体サイドはコスト面にて意見聴取の機会を設けやすくなり集計が手早く行いやすくなったとの報告があった。

　これらを、感染対策、リモート対応、効果の3つのカテゴリーに分類してみた（**表2**）。

　コロナ禍においてもできたことをワードクラウド（**図2**）で見てみると、そのキーワードは、「感染対策」「アンケート調査」「書面」などの感染症対策と、「ICT」「リモート」「ハイブリッド」などデジタルトランスフォーメーション対応であったことが理解できる。

表2　コロナ禍でもできたこと（自由回答10自治体）

カテゴリー	コロナ禍でもできたこと
感染対策	・制限を設けての市民活動運営　　・感染対策を行ったうえでの対面開催 ・書面、ハイブリッドの会議開催
リモート対応	・WEB、リモートイベント　　・オンラインによる会議やワークショップ ・リモート講演会　　　　　　・WEBアンケート
効　果	・リモート併用により匿名性や手軽さなどから意見が出しやすくなった（住民側） ・リモート併用によりコスト面にて意見聴取の機会を設けやすくなり、集計が手早く行いやすくなった（自治体側）

図2　コロナ禍でもできたこと（ワードクラウド）

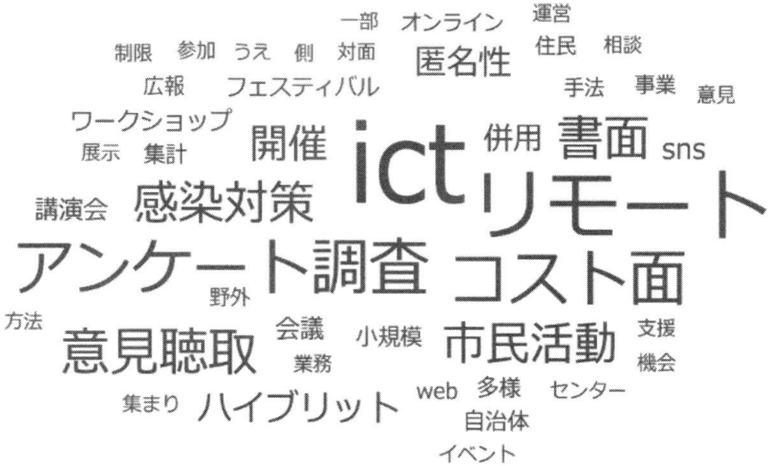

〔ユーザーローカルAIテキストマイニングツール　スコア順分析 https://textmining.userlocal.jp/〕

　ここでは、アンケート回答の中でコロナ禍でも大きな成果があがったとの報告を得た市民参加の取り組みとして、第5次三鷹市基本計画策定にむけての「三鷹市市民参加でまちづくり協議会」（愛称：マチコエ（以下マチコエ））の取り組みについて触れておきたい。

　マチコエは、第5次三鷹市基本計画策定（2024年6月）にあたり、新たな参加と協働の仕組みづくりとして、2020年6月に準備会がスタートし2021年7月に市民ボランティア422名で結成された。マチコエは、市民ボランティアメンバーがまちの声を聴きまちの声を形にするというものであり、最終的に11,534件のまちの声を聴き、2023年7月に最終報告書（政策提案）を市長に提出。その後、市の担当部署との基本計画案への擦り合わせを行い、2023年12月に活動を終えた。まさにコロナ禍を駆け抜けた市民参加の取り組みであったといえる。

　マチコエでは人と人との接触が憚られるコロナ禍において、まちの声11,534件を集めている。内訳は、アンケート10,754人、ワークショップ座談会参加者571人、インタビュー・意見交換・ヒアリング205人、SNSデータ収集・分析4人。アンケートのうちQRコードを用いたWebアンケートが6,350件を占めるのはコロナ禍ならではであろう。

　メンバー間の情報共有は、対面のほかSlackが活用され、総投稿数45,265件、これは平均57件／日にあたる。メンバー向け研修は原則対面で全91回（参加者のべ1,455人）。また、会議・会合・グループワーク等は優に850回を超え対面とオンラインのハイブリッド型で行われたが、マチコエに起因した新型コロナウイルス感染症クラスターの発生はなく、新型コロナウイルス感染症で活動が滞ったこともなかった。

　マチコエは、400名規模の市民ボランティアと事務局を務めた三鷹市企画部参加と協働推進室による新型コロナウイルス感染症

との葛藤と克服の約 800 日の市民参加活動であったとも言える。

図3　三鷹市市民参加でまちづくり協議会 活動報告（抜粋）、政策提案（表紙）

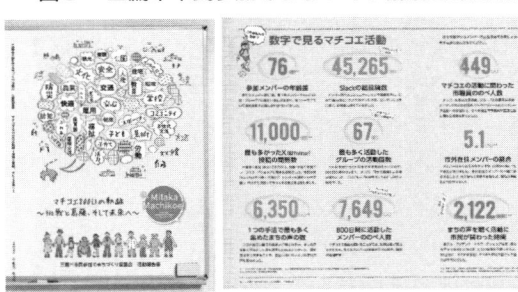

（3）　コロナ禍でできなくなったこと

　11 自治体から市民参加と協働の取り組みについて「コロナ禍でできなくなったこと」の自由記述回答があった。

　コロナ禍でできなくなったこととして、まず、日々の感染者数の状況や推移を把握しながら開催可否などを判断していく中で計画とおりには運営できなかったことがあげられ、具体的には、対面による「会議」「市民対話」「市民懇談会」「集客イベント」「懇親会」「サークル活動」「視察研修」などができなくなり、また、人数制限により大人数での「会議」「イベント開催」「スポーツ大会」「市民活動団体交流会」や、大会場での「フェスティバル」の開催が困難となっている（表3）。

　また、コロナ禍でできなくなったことをワードクラウド（図4）で見てみると、そのキーワードは、「対面」「協議会」「サークル活動」「スポーツ大会」など、" 新しい生活様式 " が広まった中でのソーシャルディスタンスや、都知事が推奨した " 密閉・密集・密接 " いわゆる「三蜜回避」対応による感染症対策が実施された影響があったと理解できる。

表3　コロナ禍でできなくなったこと（自由回答 11 団体）

カテゴリー	コロナ禍でできなくなったこと
対面制限	・対面での会議、市民対話（市民懇談会等） ・対面での集客イベント（体験系、飲食系等） ・対面での相談（ゼロではなく減少） ・懇親会、サークル活動、視察研修
人数制限	・大人数での会議やイベント開催（スポーツ大会等） ・大会場でのフェスティバル開催 ・多くの人が一堂に会する行事開催（市民活動団体交流会等）

図4　コロナ禍でできなくなったこと（ワードクラウド）

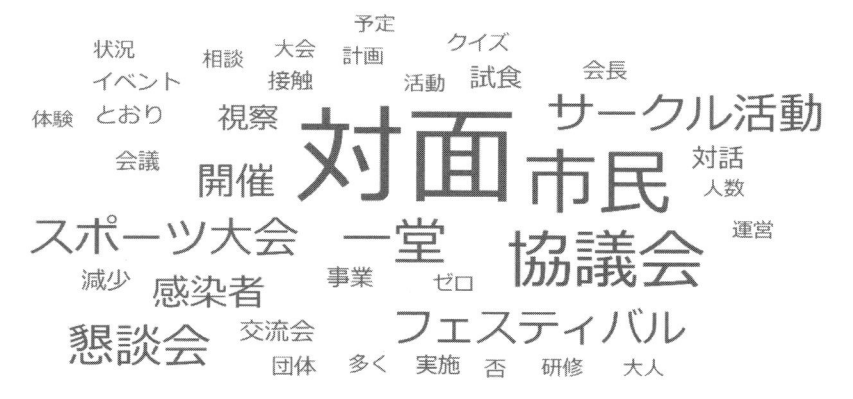

〔ユーザーローカル AI テキストマイニングツール　スコア順分析 https://textmining.userlocal.jp/〕

（4）　コロナ禍のメリット・デメリット

　　コロナ禍のメリットとデメリットを聞いてみた。メリットについては想像とおり回答は少なく6自治体から、デメリットは10自治体から回答を得ることができた。メリット、デメリットを自治体サイド、住民サイドの切り口で分類してみた（**表4**）。

　　メリットとして、「不測の事態への対応や創意工夫」「既存事業の在り方の見直し」「オンライン活用した新たな市民参加のスタ

イルで取り組めた」など業務内容での変革が指摘され、「オンラインによる参加手段の増加」「オンラインによる意思疎通の広がり」「リモート開催による参加の間口の拡大」などの参加する住民サイドのメリットがあげられた。これらから、市民とのデジタルトランスフォーメーションを使った交流方式は、コロナ禍を契機に新たな市民協働のスタイルに成り得るものと考える。また、「既存事業の在り方の見直し」があがっていることは、コロナ禍後の市民協働、その推進取り組みに向けて興味深いものと考える。

　一方、デメリットは、「人的・物的コスト増」「開催・中止・延期の可否判断の難しさ」「緊急事態宣言発出等による開催延期」「市民活動支援センターの運営の縮小」などがあげられ、それらの対応が自治体業務負荷に重くのしかかる中で、「デジタルデバイド救済支援」がデメリット項目との声もあった。
　また、住民サイドのデメリットとして、「機会の減少、参加者の減少」「対面による意思疎通が困難（会話等が希薄になりがち）」「活動を自粛、休止する団体の増加」「対面活動について団体内で意見が対立」「活動意欲の低下」などがあげられた。具体的には、「書面開催用アンケートの用紙を送付し意見を記入していただいたが対話より意見が少なく感じた」「高齢者が多い団体、特に自治会などはオンラインツールの使用が容易でないため活発に活動することが難しくなった」「市民活動支援センターの運営を縮小せざるをえなかった」という声など、住民サイドのデメリットが自治体サイドより多くあげられている。
　メリット・デメリットをワードクラウド（**図5**）で見ると、圧倒的にデメリットのワード数が多いのは、コロナ禍といいつつやるべきことをなすための困難な状況のジレンマが表現されたものと推察できる。

表4　コロナ禍のメリット・デメリット
（自由回答 メリット 6 自治体・デメリット 10 自治体）

	カテゴリー	コロナ禍のメリット・デメリット
メリット	自治体サイド	・不測の事態への対応、創意工夫 ・既存事業の在り方の見直し ・オンラインによる新たな市民参加形態構築
	住民サイド	・オンラインによる参加手段の増加 ・オンラインによる意思疎通の広がり ・リモート開催による参加の間口の拡大（子育て世代から参加しやすくなったとの声）
デメリット	自治体サイド	・人的物的コストの増 ・開催、中止、延期の可否判断の難しさ ・緊急事態宣言発出等による開催延期等 ・市民活動支援センターの運営の縮小
	住民サイド	・機会の減少、参加者の減少 ・対面による意思疎通が困難（会話等が希薄になりがち） ・活動を自粛、休止する団体の増加 ・対面活動についての団体内で意見が対立 ・活動意欲の低下

図5　コロナ禍のメリット・デメリット（ワードクラウド）

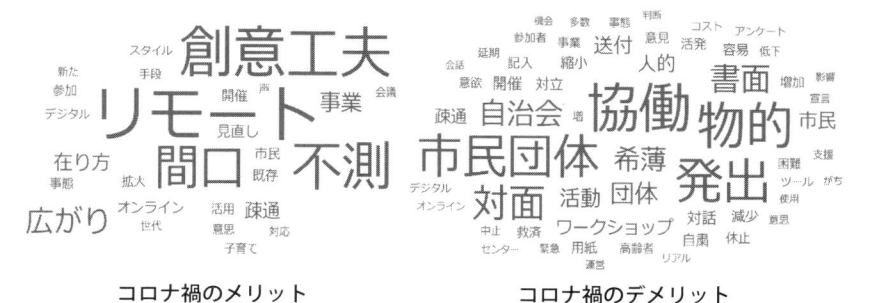

コロナ禍のメリット　　　　　　コロナ禍のデメリット

〔ユーザーローカル AI テキストマイニングツール　スコア順分析 https://textmining.userlocal.jp/〕

| （5） | コロナ禍がもたらしていたもの |

　では、あらためてコロナ禍は市民協働のまちづくりに何をもたしていたのか。

　東京都23区の特別区長調査研究機構「令和3年度 調査研究報告書 新型コロナウイルスによる社会変容と特別区の行政運営への影響」では、コロナ禍での特別区の行政運営への影響について述べられている。残念ながら市民参加と協働の切り口での言及はないものの区民生活への支援として、「大半の行政サービスにおいて、オンライン化の推進と対面でのサポートの維持という二通りの提供方法が用意される」とし、「コロナ禍の早期においては、行政サービスを停止するか継続するかの判断が重視されてきたが、複数にわたる感染拡大の波を経験するにつれ、行政サービスをいかに継続的に提供していくべきかについてあわせて検討されるようになった。」と総括している。

　今回のアンケート調査結果は、多摩地域30市町村においても23区と同様に行政サービスをいかに継続するかに真正面から向き合い試行錯誤の中で臨機応変に対応していく様が映し出されているものであった。

3　コロナ禍後の
市民協働のまちづくりに向けて

（1）　コロナ禍から得られたものは

　　東京都23区の特別区長調査研究機構「令和3年度 調査研究報告書 新型コロナウイルスによる社会変容と特別区の行政運営への影響」では、今後の特別区における行政運営のあり方として、「デジタル化を加速させながら、対面の強みも生かしていくことが重要となる。すなわち、これまで以上に、区民ニーズの多様化・複合化が進むことが予想され、それらに的確に対応した行政サービスが求められることになる。デジタルと対面を切り分けるのではなく、適切に組み合わせて行政を運営することが重要である」としている。

　　多摩地域30市町村へのアンケートでは、コロナ禍を経験したことにより、新たな市民参加と協働の取り組みを実施・検討しているかを聞いている。結果は回答のあった28自治体のうち、新たな取り組みを実施・検討しているとしたのが14自治体、新しい取り組みを実施・検討しない（従前の取り組みに戻すということか）との回答は14自治体と期せずして50:50の割合となった。以下、その新たな取り組みの内容をみていきたい。更に、アンケート調査における他の質問項目から、新たな取り組みを実施・検討する、又はしない各14自治体の特徴的な傾向を分析してみた。

（2） コロナ禍を経験したことから実施・検討する新たな取り組み

　新たな市民向けの取り組みとしては、市民が参加する会議・意見交換会・市民対話・イベント・ワークショップ・フェスティバル等のオンライン活用・ハイブリッド化・書面活用・分散型開催を実施または検討していくとの回答が多く寄せられた。また、市民向けの講習・研修等のオンデマンド化・動画活用が実施・検討されており、加えて、PC・Zoom・SNS・Slack・オンライン機器サポート等を研修テーマとする見直しが行われている。また、広報などの情報発信のオンライン化、具体的には LINE での情報発信などが既に実施されている。

　さらに、仕組み・しかけとして、SNS による相談業務の検討、補助金制度の新設（まちなか魅力づくり支援補助金ソフト部門、コロナ課題解決型ソーシャルビジネス協働事業助成金）、審議会・委員会等のオンライン傍聴制度導入検討、新たな情報誌の発行検討などがあげられた。

　自治体サイドでは、会議、研修等のオンライン活用や感染防止対策ルール見直しなどの運用面の見直しが実施され、また、新たな協働の仕組み・仕掛けの検討やデジタルトランスフォーメーションを活用した市民参加の手法の検討、事業効率化のためのリモート事業実施を検討するなど、コロナ禍以降の参加形態を含めた共創社会の実現に向けた新たな協働の仕組み・仕掛けの検討がなされていることがわかった。次のように新たな取り組みを実施・検討する 14 自治体の自由記述回答を分類し集約した（**表** 5）。

表5　コロナ禍を経験したことから実施・検討する新たな取り組み（自由回答14自治体）

	新たな運営・運用	新たな仕組み・仕掛け
市民向け取り組み	・会議、意見交換会、市民対話、イベント、ワークショップ等 　⇒ オンライン活用 　⇒ ハイブリッド化 　⇒ 書面活用 　⇒ 分散型開催 ・市民向け講習、研修 　⇒ オンデマンド化 　⇒ 動画活用 　⇒ 研修テーマの見直し 　（PC、Zoom、SNS、スマホ、Slack、オンライン機器サポート等のテーマ化） ・広報、情報発信 　⇒ 新たなオンライン活用	・SNSを通じた相談業務の検討 ・補助金制度の新設 ・審議会・委員会等のオンライン傍聴制度導入を検討 ・新たな情報誌の発行を検討
自治体サイド	・会議、研修等 　⇒ オンライン活用 ・感染防止対策ルール見直し	・新たな協働の仕組み・仕掛けの検討 ・デジタルトランスフォーメーションを活用した市民参加の手法の検討 ・事業効率化のためのリモート事業実施を検討

（3）　新たな取り組みを実施・検討する自治体の特徴

　コロナ禍の経験から新たな取り組みを実施・検討する自治体と新たな取り組みを検討していないと回答した自治体は、各々14自治体と半数に分かれた。そこで、今回のアンケート調査における他の質問項目から、新たな取り組みを実施・検討する14自治体と検討していない14自治体の相違性が顕著となる質問と回答よりその特徴的な傾向を分析してみた（**表6**）。

①市民参加と協働取り組みに対する自己評価
　コロナ禍を経験し新たな市民協働推進を実施・検討すると回答した14自治体中9自治体が市民参加・協働取り組みの自己評価

が「良い」「やや良い」であるのに対して、新たな検討なしの自治体は9自治体が「普通」であった。

②市民参加・協働の課題

実施・検討自治体が「年齢層の偏り」（12自治体）、「若年層の無関心」（9自治体）と住民側の課題を多く挙げているのに対し、検討なしの自治体は「時間がかかる」（10自治体）と自治体側の課題が最も多い回答を得た。

③市民参加と協働担当部署の有無

実施・検討自治体はもれなく担当部署が設置されているのに対し、検討なしの自治体で4自治体が担当部署の設置がされていない。

④職員研修

実施・検討自治体は市民参加と協働に関する職員研修の機会について、「全職員向け」10自治体、「一部職員向け」3自治体、「実施していない」1自治体であるのに対し、検討なしの自治体では「全職員向け」4自治体、「一部職員向け」5自治体、「実施していない/無回答」5自治体と、実施・検討する自治体の方が、職員研修の機会が多いことがわかった。

⑤中間支援組織の有無

実施・検討自治体は11自治体が「中間支援組織あり」であるのに対し、検討なしの自治体は「中間支援組織あり」は7自治体に留まった。

⑥ファシリテーター的人材の有無

ファシリテーター的人材の有無においても、実施・検討自治体が職員・住民に人材ありとの回答が多く（実施・検討自治体：15

自治体、検討なしの自治体：10 自治体）、コンサルタント依頼も検討なしの自治体に比べ積極的な姿勢（実施・検討自治体：9 自治体、検討なしの自治体 5 自治体）であることが伺える。

表6　コロナ後、新たな取り組みを志向する自治体の傾向 n：14（数値は回答自治体数）

質問	回答	コロナ禍後の新たな取り組み	
		実施・検討自治体	検討なし自治体
市民参加・協働の評価	良い	4	1
	やや良い	5	2
	普通	4	9
	やや悪い	0	1
	悪い	0	0
市民参加・協働の課題	時間がかかる	7	10
	行政の不勉強	4	5
	年齢層の偏り	12	7
	若年層の無関心	9	6
市民参加・協働担当部署	あり	14	10
	なし	0	4
市民参加・協働職員向け研修	全職員に実施	10	4
	一部職員に実施	3	5
	実施していない	1	3
	無回答	0	2
中間支援組織	あり	11	7
	なし	3	7
ファシリテーター的人材の有無（複数回答）	職員の人材あり	6	4
	住民の人材あり	9	6
	コンサルタントに依頼	9	5
	存在なし	2	5

以上 6 つの観点から、新たなチャレンジをする自治体は、市民参加と協働の取り組みの自己評価が比較的高い傾向、取組み課題は自治体側でなく住民側にあると捉えている傾向、担当部署が設

けられていること、全職員向けの市民協働研修の実施自治体が多いこと、中間支援組織が存在すること、ファシリテーター的人材が比較的多いことなどの傾向がみられた。一方で少々乱暴な言い方であるが、新たなチャレンジをしない自治体は、自己評価が低く、課題は自治体に内在し、担当部署がなく、職員向け研修に消極的であり、中間支援組織やファシリテーター人材が乏しい傾向があると言える。市民参加と協働における新たな取り組みの検討・実施は、平時の取り組みでの市民参加と協働への意識や姿勢に大きく影響されると考える。

（4）	今後への展望と期待

多摩地域30市町村は、コロナ禍において各地域の現状を把握し、従前のやり方を見直し創意工夫の中で、実情に見合った独自の取り組みを実施展開している。その中で、オンライン活用が躍進的に進み、参加市民の間口が広がる一方で、市民のオンラインスキル格差が課題として明確となったと多くの自治体が指摘する。また、コロナ禍のメリットや経験を前向きに捉え、半数の自治体が新たな取り組みを実施・検討し、新たな取り組みへ一歩踏み出している。このコロナ禍を経験し新たな取り組みへの一歩の動機づけは、自治体の平時における市民参加と協働への理解や事業体制の濃淡にあることがわかった。そのほんの小さな相違が、コロナ禍を経て時間の経過とともに大きな格差になっていくことを懸念する。

市民参加と協働の取り組みは、各自治体の実情を反映するために独自性が高くなる。それが故、コロナ禍においても有効な手立てや手法、新たな試みなどに自治体間においてバラツキが生じる。取り組みの格差是正のためには、平時から自治体間に横串を刺す市民参加と協働の意識や取り組みの情報共有が必要なのではなか

ろうか。

　東京都による「新しい多摩の振興プラン21」策定の基本的考え方では、「コロナ禍における大きな社会の変化・変革を、より一層の発展のチャンスと前向きに捉え、この機を逃さず、より多くの方々に多摩に関心を持ってもらえるよう、新たな視点に立った取り組みを推進していく。コロナ以前の社会に戻るのではなく、デジタルトランスフォーメーションなどによる生活の質の向上や機能的なまちづくりを進めるとともに、豊かな自然と調和した多摩地域の持続可能な暮らしを実現するサステナブル・リカバリーの視点を持ちながら、多摩の更なる発展を目指す」とし、また、本プランの実現にむけて「都が多摩振興に資する事業を着実に進めることに加え、地域の実情に精通した市町村との緊密な連携や、市町村間の広域連携等による取り組みが重要であり、市町村とも連携・協力しながら、多摩地域の振興に取り組んでいく」とコロナ禍後の多摩地域の振興を高らかに宣言している。

　まさに、コロナ禍後の市民参加と協働の取り組みにおいても、コロナ禍以前の取り組みに戻すのではなく、デジタルトランスフォーメーションを前提とした市民協働のまちづくりを進めることが求められている。そのためにも市民協働のまちづくりの分野における多摩地域30市町村の情報共有、広域連携・協力に期待する。

表7　東京都30市町村 市民参加・協働取組ご担当部署一覧

自治体名	ご担当部署名
八王子市	市民活動推進部 協働推進課
立川市	市民生活部 市民協働課
武蔵野市	市民部 市民活動推進課 市民活動推進係
三鷹市	企画部 参加と協働推進室
青梅市	市民安全部 市民活動推進課 市民活動推進係
府中市	市民協働推進部 協働共創推進課
昭島市	市民部 生活コミュニティ課
調布市	生活文化スポーツ部 協働推進課
町田市	市民部 市民協働推進課
小金井市	市民部 コミュニティ文化課
小平市	地域振興部 市民協働・男女参画推進課
日野市	企画部 企画経営課
東村山市	経営計画部 企画政策課（市民協働課）
国分寺市	市民生活部 協働コミュニティ課
国立市	政策経営部 政策経営課
福生市	生活環境部 協働推進課
狛江市	企画財政部 政策室 市民協働推進担当
東大和市	市民環境部 地域振興課
清瀬市	地域振興部 市民協働課
東久留米市	市民部 生活文化課 市民協働係
武蔵村山市	協働推進部 協働推進課
多摩市	企画政策部 企画課
稲城市	産業文化スポーツ部 市民協働課
羽村市	企画部 企画政策課
あきる野市	企画政策部 企画政策課
西東京市	生活文化スポーツ部 協働コミュニティ課
瑞穂町	協働推進部 協働推進課
日の出町	企画財政課 企画係
檜原村	企画財政課
奥多摩町	企画財政課

部署名称は、2023年6月1日現在

〔謝辞〕

　　本調査の実施にあたり、アンケートにご回答いただいた東京都
多摩地区30市町村にてお取りまとめいただきました部署の皆さ
まはもとより、アンケート回答にご協力いただいたすべての部署
の皆さまに、心より感謝申し上げますとともに御礼申し上げます。

〔参考・引用〕

厚生労働省「データからわかる─新型コロナウイルス感染症情報」、https://covid19.
　　mhlw.go.jp
総務省「令和2年度版 情報通信白書 ITC白書 5Gがもたらすデジタル新たな日常の変
　　革」、https://www.soumu.go.jp/johotsusintokei/whitepaper/ja/r02/pdf/
東京都「新しい多摩の振興プラン」、https://www.soumu.metro.tokyo.lg.jp/05gyousei
　　/06sinkoutamaplan2021_sakutei.html
東京都「令和2年4月15日 東京都新型コロナウイルス感染症最新情報〜小池知事
　　から都民の皆様へ〜（特別版記者会見）」（アーカイブ版）、https://www.youtube.
　　com/watch?v=tMuymTIobfo
特別区長調査研究機構（2022）「令和3年度 調査研究報告書 新型コロナウイルスに
　　よる社会変容と特別区の行政運営への影響」、063f9fc6e40ce26be15471f3db2aabc
　　b1f3fb4f4.pdf（tokyo23-kuchokai-kiko.jp）
橋本佳明・上山肇（2023）「自治体のコロナ禍における市民協働のまちづくりに関す
　　る一考察 ─東京都多摩地域30市町村を対象とした市民協働に関する実態調査から
　　─」『日本建築学会関東支部研究報告書集Ⅱ』、pp.347-350
三鷹市（2024）「三鷹市市民参加でまちづくり協議会活動報告書 マチコエ800日の軌
　　跡 〜挑戦と葛藤、そして未来へ」、https://mitaka-e-book.actibookone.com

あとがき

　本書、『自治体まちづくり学シリーズ ❷─東京の自治体まちづくりⅠ』では大きく視点１：まちづくりのトピック、視点２：まちづくり塾の活動、視点３：自治体まちづくりに関する調査・研究の３つの視点をもってまとめることができた。

　「東京スカイツリー・自治体連携のまちづくり」をメイントピックとしている本書において、第１章・第２章では東京スカイツリー建設から現在に至る状況の中で、墨田区と台東区との当時の自治体連携の様子と、近年のミズマチ整備における自治体連携の実績とその効果について改めて確認できたことに大きな意義がある。

　第２章・第３章は第１回・第２回まちづくり塾で取り上げた自治体の取組であるが、まちづくり塾では事業の活用やエリアマネジメント等を含むまちづくりの新たな手法と現在の状況やまちづくりの効果について、まちづくり塾に参加した各自治体の職員が共に共有することができたものと考える。

　第４章は、板橋区が公共交通施策について行った調査結果をもとに職員たちがまとめた内容であるが、この内容については 2023 年度日本建築学会関東支部においても研究発表している。このように職員たちが仕事と研究を結びつけながら社会に向けて発信（公表）する一連の行為は職員の経験や人材育成面においても大切なことである。

　第５章・第６章は、それぞれ社会人大学院生による「東京における外国人共生」「コロナ禍の市民協働」に関する研究成果であるが、いずれも東京の自治体によるまちづくりをテーマにした内容であり、こうした現代社会における問題・課題を扱った調査データ・研究成果についても今後の自治体まち

づくりに大いに活かしてもらいたいものである。

　最後に、『〔実践〕自治体まちづくり学』の出版に続きこのような機会を与えていただいた公人の友社の武内英晴社長と担当された萬代伸哉様に心から感謝する。本書『東京の自治体まちづくりⅠ』に続き、同じく「東京の自治体まちづくり」を取り挙げる続巻が刊行されることになっている。そうした中にあって引き続き、自治体まちづくりに関する情報としていろいろな角度・切り口で広く発信できればと考えている。

上山　肇

編・執筆者紹介

上山　肇（かみやま・はじめ）　序・まえがき・あとがき

　法政大学大学院政策創造研究科教授。法政大学地域研究センター兼担研究員。千葉大学工学部建築学科卒業、千葉大学大学院自然科学研究科博士課程修了、博士（工学）。法政大学大学院政策創造研究科博士課程修了、博士（政策学）。

　民間から東京都特別区（江戸川区）管理職を経て、現職。行政では都市計画、まちづくり、公共施設建設等を歴任。現在、江戸川区新庁舎アドバイザリー会議会長、岡山県鏡野町都市計画マスタープラン・立地適正化計画策定委員会委員長、静岡市商業振興審議会アドバイザーなどを務める。一級建築士、建築基準適合判定資格者。

　著書：『〔実践〕自治体まちづくり学─まちづくり人材の育成を目指して─』（編著、公人の友社、2024年）、『観光の公共創造性を求めて─ポストマスツーリズムの地域観光政策を再考する─』（編著、公人の友社、2023年）、『水辺の公私計画論－地域の生活を彩る公と私のづくり－』（日本建築学会編、共著、技報堂出版、2023年）他

　論文：東京都53自治体における地域循環バス運行の実態（自治体学 Vol.34-1、2020年）、市民協働におけるボランティアのあり方に関する研究─江戸川区子ども未来館を事例として─（自治体学 Vol.32-2、2019年）、他。

執筆者紹介

伴　宣久（ばん・のぶひさ）　第 1 章

一財日本建築設備・昇降機センター定期報告部長、東京都市大学（旧武蔵工業大学）工学部建築学科卒、東京都立大学（旧首都大学東京）都市環境科学研究科博士後期課程修了、民間から東京特別区（台東区）営繕課長、まちづくり推進課長、都市計画課長、都市づくり部長、用地施設活用担当部長を経て現職。一級建築士、建築基準適合判定資格者、博士（工学）。

著書：『〔実践〕自治体まちづくり学』（共著、公人の友社、2024 年）

論文：「敷地整除型区画整理事業を活用した歩行者空間の創出と大街区化による商業・業務機能の強化」（アーバンインフラテクノロジー推進会議、2012 年）、「東京都心 4 区における都市再生特別地とその他都市計画制度の外部効果の比較」（日本建築学会計画系論文集 82 巻 72 号、1211-1219 頁、2017 年）、「東京都心部における不動産価格に着目した都市更新と都心居住に関する都市計画制度の効果の研究」（博士論文、2018 年）。

田村　知洋（たむら・ともひろ）　第 2 章

愛媛大学環境建設工学科卒業。千葉大学都市環境システム専攻修士課程修了、修士（工学）。大学では土木全般を、大学院では住民参加のまちづくりなどを学ぶ。2005 年からゼネコンで 3 年間マンションや学校建設の施工管理を経験し、2008 年に東京都特別区（墨田区）に入庁。墨田区ではこれまで、狭隘道路の拡幅整備、道路・公園・河川の計画調整などを担当し、現職は公園課計画調整担当課長補佐。北十間川周辺エリアのまちづくりには、具体的検討がスタートした翌年の 2015 年から、整備が概ね完成した 2021 年までの 7 年間、事業の調整担当として務める。

内藤　結子（ないとう・ゆうこ）　第3章

　港区役所街づくり支援部開発指導課都市再生担当係長。信州大学農学部卒業。静岡県掛川市出身。港区役所へ土木造園（造園）職として入庁後、街づくり推進部土木維持課へ配属。公園や道路の維持管理を行う。都市計画課では緑の基本計画やまちづくりガイドラインなどを担当。防災士。1級土木施工管理技士。

笹沼　史明（ささぬま・ふみあき）　第4章

　東京都板橋区都市計画課主査。中央大学法学部法律学科卒業。不動産系特殊法人を経て、現職。板橋区では、保健衛生部門において、一次救急医療の確保、いたばし健康プランの策定、狂犬病予防をはじめとする動物衛生、保健所業務システムの導入などの公衆衛生関連業務を、教育委員会事務局において、区立の幼稚園及び小・中学校の建物・設備に係る維持管理・緊急補修・中長期修繕計画、植栽・緑化の維持・管理、教室空調機器全数更新計画など公共施設管理全般を、都市整備部門において、板橋交通政策基本計画の策定、公共交通の利用促進、公共交通サービス水準が相対的に低い地域における交通事情改善対策などの交通政策全般を手掛ける。

　論文は、「東京都板橋区における公共交通施策のあり方に関する一考察－移動に関する地域住民アンケート調査結果から－」（共著、『2023年度日本建築学会関東支部研究報告集Ⅱ』頁351-355 2024.3）。

御正山　邦明（みしょうやま・くにあき）　第4章

　東京都板橋区都市計画課課長補佐。法政大学地域研究センター客員研究員。法政大学大学院政策創造研究科修士課程修了、修士（政策学）。板橋区では、都市基盤に関する業務として、道路・公園設計や都市計画道路、市街地再開発事業、連続立体交差事業等の調整、また、交通政策に関する業務として、コミュニティバス等の公共交通を担当。著書は、『観光の公共創造性を求めて－ポストマスツーリズムの地域観光政策を再考する―』（公人の友社、共著、2023年）。

　論文は、「連続立体交差事業により生み出される空間活用の計画形成プロセスに関する考察－東京都内の5路線を事例として－」（共著、『日本建築学会学術講演梗概集』頁491-492、2023.7）、「東京都板橋区における公共交通施策のあり方に関する一考察－移動に関する地域住民アンケート調査結果から－」（共著、『2023年度日本建築学会関東支部研究報告集Ⅱ』頁351-355、2024.3）ほか。

千葉　亨二（ちば・きょうじ）　第4章

　東京都板橋区都市計画課長。認定ファシリティマネジャー。PPP/PFI行政実務専門家（内閣府）。公民連携アドバイザー（ふるさと財団）。建築保全センター機関紙「Re」編集委員。東京工科専門学校建築科卒業。住宅政策課長として「東京都板橋区良質なマンションの管理等の推進に関する条例」制定。施設経営課長として板橋区立中央図書館（グッドデザイン賞、日本図書館協会建築賞）、上板橋第二中学校（部門賞「新しい環境部門」）などを担当。公共施設マネジメントにおいて、自治体等FM連絡会議東京23区地域会の立ち上げ、第16回日本ファシリティマネジメント大賞最優秀賞（鵜沢賞）受賞。

　主な著書は、『公共建築のリノベーション・コンバージョン』（建築保全センター、共著、2018年）。

　論文は「東京都板橋区における公共交通政策のあり方に関する一考察－移動に関する地域住民アンケート調査結果から－」（共著、『2023年度日本建築学会関東支部研究報告集Ⅱ』頁351-355、2024.3）。

青木　優子（あおき・ゆうこ）　第5章

　法政大学大学院政策創造研究科修士課程。千葉大学文学部国際言語文化学科卒業後、IT企業を経て、現職のコンサルティングファームでは広くまちづくりの分野に携わる組織に所属し、自治体の計画策定・事業推進・業務改善等の支援、省庁の各種調査業務等に従事。現在は、地域における外国人住民との共生を研究のテーマとして、特に外国人住民の増加・多国籍化が進む東京都をフィールドに、行政及び住民の両側面から調査を進める。

橋本　佳明（はしもと・よしあき）　第6章

　法政大学大学院政策創造研究科修士課程。中央大学法学部法律学科卒業。大手損害保険会社を定年退職し、現在はクラフトビール醸造販売会社役員。三鷹市スポーツ推進委員、みたか都市観光協会企画委員、日本医科大学一般模擬患者、公益社団法人医療系大学間共用試験実施評価機構OSCE認定標準模擬患者として活動中。また、三鷹市市民参加でまちづくり協議会（愛称：マチコエ）グループリーダー、三鷹・武蔵野・小金井の市民活動団体「となりまちプロジェクト」創設メンバー、ＪリーグＦＣ東京社会連携活動「TOKYO SOCISL COLLBRATION」ジェネレーター、多世代交流市民団体「Corekaraみたか」副代表など、地域の市民活動に参加しているほか、「Mitsui V-NET（横浜国立大学部会）」では来日した交換留学生の支援ボランティアを務める。

編集後記

　前書、『〔実践〕自治体まちづくり学』はとても反響があり、特に全国の公立図書館や議会図書室からたくさんの問合せをいただき、「自治体まちづくり」への関心の高さを感じることができた。

　まちづくりは社会をより良い方向に変えていくための運動だと思う。それは国主導による大規模な開発とは違って、自治体・専門家・市民の三者が協力して作り上げていく地方自治の一つのあり方と言える。編著者の上山先生は、「自治体まちづくり」を「自治体が主体となり、地域や地区の住民（市民）や地域団体・企業等と協力して、市民の暮らしの場を、地域や地区に適応した住みよい魅力あるものにしていく諸活動」と定義されている。

　「まちづくり塾」は、最先端の「自治体まちづくり」の事例を共有する場であり、また先行者から、これからのまちづくりを担っていく若い世代へとノウハウが伝えられる場でもある。そこでは、自治体職員はもとより民間の都市開発コンサルやまちづくりに熱意を持った市民も集まり闊達に議論が交わされている。

　本シリーズは、「まちづくり塾」の活動を記録して、より多くのまちづくりに携わる人に知ってもらうために、さらには地域の立場の異なった三者が協力して地域をつくり上げていく理想に進むための情報共有のために創刊された。担当編集者としての責任は大きいが、この活動の灯火を絶やさず盛り上げていくために全力でサポートしていきたいと思う。

　本書の刊行にあたり多くの著者方を取りまとめてくださり、迅速に丁寧に校正作業をしていただいた編者の上山肇先生、また真夏のうだるような暑さの中でも、原稿を執筆しご提出いただいた著者の方々に感謝いたします。

2024 年 8 月 6 日

編集担当者　萬代伸哉

自治体まちづくり学シリーズ❶　好評発売中!!

〔実践〕
自治体まちづくり学
まちづくり人材の育成を目指して

上山肇〔編著〕/ 河上俊郎・伴宣久〔著〕

○本書では、まちづくりの機能や理論を踏まえながら自治体のまちづくりを自治体における各執筆者の経験と実践事例を交えながらわかりやすく解説する。

○「まちづくり」を一つの政策と考えるとき、地域や地区のまちづくりの計画・ルールを策定するプロセスと実現するための事業との一連の関係性について整理・認識し、具体的に実践・展開していくことが必要である。

○全国のまちづくりに興味のある読者の皆様に、まちづくりの基本をおさえてもらい、東京都を中心に自治体における様々なまちづくりを紹介する。

○現場の第一線で活躍した職員にしか分からない、まちづくりでの苦労や楽しみについても語る。

A５判・238頁・並製本・カバー付き

定価2,970円（本体2,700＋税）

ISBN:978-487555-909-2　2024年2月15日発売

自治体まちづくり学シリーズ❷

東京の自治体まちづくり　Ⅰ
―東京スカイツリー・自治体連携のまちづくり　他

2024 年 9 月 10 日　第 1 版第 1 刷発行

編著者	上山　肇
著　者	伴宣久・田村知洋・内藤結子・笹沼史明
	御正山邦明・千葉亨二・青木優子・橋本佳明
発行人	武内　英晴
発行所	公人の友社
	〒 112-0002　東京都文京区小石川 5-26-8
	TEL 03-3811-5701　FAX 03-3811-5795
	e-mail: info@koujinnotomo.com
	http://koujinnotomo.com/
印刷所	モリモト印刷株式会社

ISBN978-4-87555-915-3　C3030